Die erste Zürcherbibel

Die erste Zürcherbibel

Erstmalige teilweise Ausgabe und Übersetzung der ältesten vollständig erhaltenen Bibel in deutscher Sprache

Eingeleitet, herausgegeben und übersetzt von
Adrian Schenker, Raphaela Gasser und Urs Kamber

ACADEMIC PRESS FRIBOURG

Bibliografische Information der Deutschen Bibliothek

Die Deutsche Bibliothek verzeichnet diese Publikation in der Deutschen Nationalbibliographie; detaillierte bibliografische Daten sind im Internet über http://dnb.ddb.de abrufbar.

Bildlegenden

Zwischen S. 8 und 9: Initiale B im Prolog zur Genesis = Anfang des Briefes 53 des Hl. Hieronymus an den Priester Paulinus: "Bruder Ambrosius brachte mir dine gabe…": Erschaffung Evas aus der Seite des schlafenden Adam durch die segnende Hand Gottes; ÖNB Wien Cod. 2769, fol 5r.

Zwischen S. 64 und 65: Initiale A im Prolog zur Apokalypse = Anfang der Vorrede von Gilbert de la Porrée (12. Jh.) zu seinem Kommentar zur Offenbarung: "Alle die in Christo wellent milteclichen leben…" (diese Vorrede las der Übersetzer in einer Bibel mit der Glossa ordinaria): Der Seher Johannes, den Auftrag des Engels erfüllend: "was du siehst, das schreib in das Buch und sende es den sieben Kirchen" (im Spruchband: quod vides hoc scribe et mitte ad VII ecclesias), Apk 1,11; ÖNB Wien Cod. 2770, fol 255r.

Die PDF-Daten für die Herstellung dieses Buches wurden von den Herausgebern geliefert.

ISBN 978-3-7278-1788-5

Inhaltsverzeichnis

Inhaltsverzeichnis 5

Zu diesem Buch 7

Vorwort 9

Einleitung

I Herkunft und Übersetzer 17
II Zürich und die Prediger-Brüder und Schwestern um 1300 31

Die Handschriften 65

Die ausgewählten Abschnitte

Genesis 1,23-4,5 70
Exodus 1,1-4,31 82
Deuteronomium 5,1-6,9 98
2 Samuel 7 106
Jesaja 50,1-53,12 112
Jeremia 31,15-32,15 126
Psalm 33 136
Proverbien (Sprüche) 29,1-30,33 140
Matthäus-Evangelium 5,1-16 150
Matthäus-Evangelium 6,5-14 152
Markus-Evangelium 14,1-11 154
Markus-Evangelium 14,17-25 156
Lukas-Evangelium 1,26-38 158
Johannes-Evangelium 1,1-18 160
Apostelgeschichte 1,1-14 und 2,42-47 162

2 Korintherbrief 11,21-12,13 168
Offenbarung 4-5,10 174

Erläuterungen zur Transkription 181

Kleines Glossar 184

Anmerkungen 185

Zu diesem Buch

Der Titel dieses Buches bedarf eines erklärenden Hinweises: er meint eine *Kontinuität* zwischen den Übersetzungen der Bibel in Zürich. Sie nahmen ihren Anfang an der Schwelle des 14. Jahrhunderts mit der in diesem Buch vorgestellten hochalemannischen Bibel, erfuhren unter veränderten Voraussetzungen eine Fortsetzung mit der Übertragung der Schrift in der Reformationszeit in der ersten Hälfte des 16. Jahrhunderts und gingen in den modernen Bibelübersetzungen von 1907-1931 und 1997-2007 weiter. Die erste dieser in Zürich geschaffenen Wiedergaben der Heiligen Schrift ist die am wenigsten bekannte, obwohl sie die früheste ganz erhaltene Bibel in deutscher Sprache überhaupt ist. Ihr ist dieses Buch etwa 700 Jahre nach ihrer Entstehung gewidmet. Gemeinsam ist diesen Zürcher Bibeln der Ort, an dem sie entstanden sind: Zürich, und der Anlass, der zu einer Bibelübersetzung geführt hat: nämlich der Wunsch vieler, die Bibel in der eigenen Sprache zu hören und zu lesen. Daher möchte sich dieses Buch als *ökumenisches* Zeichen verstehen. Es weist hin auf den in allen christlichen Konfessionen lebendigen Sinn für die Bedeutung der Bibel und auf ihre gemeinsame Liebe zu ihr.

Die Herausgeber des Buches möchten allen danken, die in verschiedener Weise zum Gelingen des Vorhabens mitgeholfen haben, namentlich auch Frau Elisabeth Krattinger, die sich der Formatierung des Manuskripts angenommen hat. Ebenso danken sie der Österreichischen Nationalbibliothek in Wien für die freundliche Erlaubnis, zwei Seiten aus den Codices 2769 und 2770 abzubilden.

Prologus

Vorwort

Vor etwa siebenhundert Jahren wurde in alemannischem Gebiet die Bibel vollständig ins Deutsche übersetzt. Diese Übertragung ist die erste bekannte, ganz erhaltene deutsche Bibel. Übersetzer sowie Ort und genauer Zeitpunkt der Übertragung liegen im Dunkeln. Aus dem Wortlaut dieser hochalemannischen Bibel geht jedoch eines klar hervor: die Übertragung ist ein sprachliches und übersetzerisches Meisterwerk. Wahrscheinlich ist der Schleier des Namenlosen, der auf Übersetzung und Verfasser liegt, Ursache dafür, dass dieses Pionierwerk in der Schweiz und überhaupt im deutschen Sprachraum so gut wie unbekannt ist.[1] Dieses Schattendasein hat diese Bibelübersetzung nicht verdient. Das hier vorliegende Buch möchte sie einer weiteren Öffentlichkeit bekannt machen und zugleich zu einer vertiefteren Beschäftigung mit ihr anregen. Für die Bibel in deutscher Sprache, für ihre Rolle in unserem Land im Mittelalter und für die Germanistik wäre es ganz gewiss lohnend, dieses Übersetzungswerk eingehender zu erforschen, als es hier in der schlichten und vorläufigen Form dieses Buches möglich ist. Seine Veröffentlichung weckt aber vielleicht das Interesse und die Neugier für die erste Übertragung der Bibel auf deutsch.

Es gibt begründete Vermutungen, dass diese mittelalterliche alemannische Bibel in Zürich geschaffen worden ist. Die Einleitung des hier vorliegenden Buches zeigt die geistige und religiöse Blüte in Zürich zu Beginn des 14. Jahrhunderts. Sie nennt unter den aus den Quellen bekannten Predigerbrüdern oder Dominikanern einen mit Namen, der als der Bibelübersetzer in Frage kommt: Marchwart Biberli. Nach Ausweis dieser Quellen war Biberli ein gebildeter Mann, Prior, d.h. Vorsteher der Brüdergemeinschaft und Lektor, d.h. Lehrer in seinem Kloster, das zugleich eine theologische Schule für die Geistlichen der Stadt war.[2]

Dieses vorliegende Buch ist einem vorläufigen archäologischen Grabungsbericht vergleichbar. Bevor eine Ausgrabung in allen Einzelheiten in einer ausführlichen Veröffentlichung dokumentiert wird, pflegen Archäologen einen ersten vorläufigen Bericht zu veröffentlichen, der sich auf die Hauptergebnisse beschränkt. Damit erhält die Fachwelt eine erste solide Information. In ähnlicher Weise stellt dieses Buch die älteste vollständige deutsche Bibelübersetzung wie in einem Porträt vor, ohne alle Einzelfragen, die sie aufwirft und die zahlreich sind, eingehend zu beantworten. Dafür würde es weiterer umfangreicher Einzelforschungen bedürfen.

Zuerst begründet Einleitung I, warum es wahrscheinlich ist, dass die älteste erhaltene vollständige deutsche Bibel in hochalemannischer Sprache aus dem Anfang des 14. Jahrhunderts stammt und wohl in Zürich von einem Predigerbruder für Schwestern seines Ordens übersetzt worden ist. Zu diesem Zweck muss die Forschungsgeschichte einbezogen werden, die mit einem magistralen Werk aus dem 19. Jahrhundert einsetzt, das ein lutherischer Pastor, Wilhem Walther unter dem Titel *Die deutsche Bibelübersetzung des Mittelalters* herausgebracht hat.[3] Da es keine direkten Quellen zu Verfasser und Herkunft der Bibel gibt, sind die Indizien zu sammeln und zu gewichten, die Licht auf ihre Entstehung werfen können. Diese sind namentlich paläographischer und kodikologischer Art. Es ist auch notwendig, die fünf Handschriften vorzustellen, welche diese Übertragung ganz oder teilweise enthalten.

Einleitung II entwirft zuerst allgemein das Bild des geistigen und religiösen Lebens in Zürich in dieser Zeit und beschreibt dann im besonderen, wie die Brüder und Klosterfrauen im Predigerorden lebten, welches ihre Bildung und ihre Tätigkeiten waren. Ein eigener Abschnitt sammelt alles, was über den mutmasslichen Übersetzer der Bibel, den Zürcher Dominikaner Marchwart Biberli bekannt ist.[4] Auch dazu gibt es eine vorzügliche Forschungsgeschichte, die herangezogen wird.

Dann folgen siebzehn Abschnitte auf Doppelseiten aus der Bibel selbst. Eine Seite bietet den mittelhochdeutschen Wortlaut, die andere gegenüberliegende Seite gibt ihn in heutiger deutscher Sprache wieder. Zugrunde liegt die vollständige Abschrift der Bibelübersetzung aus der Österreichischen Nationalbibliothek Wien, Codex 2769 und 2770, die 1464 in Basel abgeschrieben wurde. Die Auswahl der biblischen Abschnitte kann natürlich angefochten werden wie jede Auswahl in irgendeiner Blütenlese. Sie möchte siebzehn Kostproben bieten, die zeigen, wie der Übersetzer spricht und überträgt. Zweck dieser Auswahl ist es, seine Stimme heute neu erklingen zu lassen und durch sie hindurch die Schrift selbst zu hören, wie er sie verstanden und wiedergegeben hat. Schönheit und Unverbrauchtheit der Sprache und die Klugheit seiner Wiedergaben liegen unseres Erachtens klar zu Tage.

Die ausgewählten, in modernes Deutsch übertragenen Abschnitte beruhen nicht auf dem Vergleich abweichender Lesarten in den fünf Handschriften. Dieser Vergleich wurde nicht gemacht. Es wird hier in der Tat keine *kritische Ausgabe* geboten. Eine solche hätte Absicht und Anlage des vorliegenden Bändchens weit gesprengt. Ein sogenannter Lesartenapparat wirft übrigens in diesem Fall besondere und heikle Fragen auf. Denn die Schreiber haben sich nicht verpflichtet gefühlt, die Sprache des Übersetzers in allen Einzelheiten zu bewahren. Sie haben diese vielmehr oft ihrer eigenen Sprache angepasst, die sich örtlich und zeitlich von jener des

Übersetzers unterschied. Sie haben sich offenkundig nicht nur als Schreiber oder Kopisten verstanden, die genau abschreiben, was ihnen vorliegt, sondern ein Stück weit auch als Herausgeber, die eine neue veränderte Ausgabe, eine sogenannte Rezension herstellen. In Einleitung I werden dazu einige Bemerkungen gemacht. Daher empfahl es sich, hier nur eine einzige Handschrift auszuwählen, die einerseits die Bibelübertragung vollständig enthält und anderseits nach dem Urteil der Fachleute der ursprünglichen Übersetzung Biberlis am nächsten kommt. Diesen beiden Bedingungen kommt der schon erwähnte zweibändige Codex 2769 und 2770 der Österreichischen Nationalbibliothek in Wien am nächsten, obschon auch diese gute Handschrift erst mehr als hundertfünfzig Jahre nach der Übertragung von einem kundigen Studenten aus Bayern in Basel abgeschrieben worden ist.

Ebenso war es nicht möglich, die Sprache des Übersetzers zu untersuchen und in ihrer Eigenart zu würdigen. Das wäre selbstverständlich sehr wichtig und reizvoll gewesen, aber es hätte nicht nur breiten Raum in Anspruch genommen, sondern eine eigene umfassende Forschungsarbeit eingeschlossen, welche für dieses Buch nicht geleistet werden konnte. Es gibt dazu einige einschlägige, wenn auch erst vorläufige Arbeiten.[5] So bleibt die Kennzeichnung der Sprache und des Übersetzungsstils eine Aufgabe, die der Zukunft vorbehalten ist.

Eine dritte Vorarbeit für die genaue Erfassung der Natur der in Rede stehenden Bibelübersetzung wäre die Bestimmung der lateinischen Bibelausgabe gewesen, welche der mutmassliche Übersetzer Marchwart Biberli als Vorlage benutzt hat. Es liefen damals verschiedene Ausgaben der lateinischen Bibel um, die sich voneinander in manchen Punkten unterschieden. Leider konnten die Herausgebenden auch die umfangreiche Aufgabe nicht auf sich nehmen, aus dem

Vergleich der lateinischen Lesarten der verschiedenen mittelalterlichenen Vulgata-Ausgaben mit Biberlis Übersetzung jene lateinische Bibelausgabe zu erschliessen, die der Übertragung zu Grunde lag. Auch das ist eine ungelöste und reizvolle Forschungsaufgabe für die Zukunft.

Warum erscheint dieses Buch jetzt?

Es wurde schon angedeutet, dass die Übertragung der Bibel, die den Zürcher Dominikaner Marchwart Biberli zum Urheber haben mag, vor rund siebenhundert Jahren entstand. Wir stehen somit im Zeitraum eines Jubiläums dieses Werkes. Ende 2016 feiert überdies der Orden der Predigerbrüder und Schwestern sein achthundertjähriges Bestehen. In der Bestätigung des Ordens der Prediger in der Bulle *Religiosam vitam*, die Papst Honorius III. am 22. Dezember 1216 Dominikus von Guzman, dem Gründer (1170-1221), auf seine Bitte hin aushändigte, kann man in der Tat den Anfang des Predigerordens sehen.[6] Die Predigerbrüder kamen vierzehn Jahre später im Jahr 1230 nach Zürich, wo sie ein Kloster gründeten, das bald zu einem der bedeutendsten Klöster der Predigerbrüder für die Schweiz, Süddeutschland und das Elsass wurde. Nach einigem Zögern übernahmen die Brüder auch bald die Seelsorge für die Frauenklöster ihres Ordens in ihren Einzugsgebieten. So entstand im Lauf des 13. Jahrhunderts die fruchtbare Blütezeit der Gemeinschaften der Brüder und Schwestern in der Schweiz und am Oberrhein und insbesondere auch in Zürich, welche ein bedeutendes Kapitel in der Geschichte der rheinischen Mystik und der Kirche vor der Reformation darstellt.

Es schien uns somit nicht unangebracht, aus diesem doppelten Anlass der Gründung des Ordens des Heiligen Dominikus vor achthundert und der Schaffung einer ganzen deutschen Bibel vor siebenhundert Jahren im Umkreis von Predigerbrüdern und -schwestern in Zürich dieses schlichte Buch zu veröffentlichen, das auf beide Ereignisse aufmerksam macht. Sie stehen miteinander in innerem Zusammenhang und prägen die religiöse und kulturelle Geschichte in der Schweiz und über ihre Grenzen hinaus bis auf den heutigen Tag.

Die Herausgebenden dieses Bändchens, die alle drei in verschiedener Weise dem Predigerorden angehören, haben sich in der Weise in die Arbeit geteilt, dass Adrian Schenker, Kloster St. Hyazinth in Freiburg i.Ü., das Buch angeregt und das Vorwort und Einleitung I verfasst hat. Schwester Raphaela Gasser, Dominikanerinnenkloster Ilanz, hat Einleitung II geschrieben und die siebzehn ausgewählten Abschnitte aus der Bibelübersetzung in modernes Deutsch übertragen, während Urs Kamber, Mitglied der Laiengemeinschaft des Predigerordens, Erlinsbach-Solothurn, die Abschnitte aus der Wiener Handschrift gelesen und in ihrem mittelhochdeutschen Wortlaut abgeschrieben hat. Raphaela Gasser und Urs Kamber sind Germanisten, Adrian Schenker Bibliker. Die drei haben die Aufgabe der Korrekturen gemeinsam auf sich genommen.

Das Buch sei dem Andenken von zwei Menschen gewidmet, die in besonderer Weise mit der Bibelübersetzung von Marchwart Biberli und dem Predigerorden in unserem Land verbunden waren und die schon früh – menschlich gesehen zu früh – aus diesem Leben in das Leben der Auferstehung hinübergerufen worden sind: Marianne Wallach-Faller, gest. 1997, welche die Bedeutung dieser Bibelübersetzung in ihrer vielversprechenden Forschung neu entdeckt und ins Bewusstsein der wissenschaftlichen Öffentlichkeit gerufen hat, und Br. Franz Müller, gest. 2012, der als Predigerbruder in

Zürich aus ganzem Herzen der Verkündigung des Wortes Gottes gelebt hat.

Freiburg i.Ü., Ilanz und Erlinsbach (Solothurn), am Fest des Heiligen Dominikus, 8. Aug. 2015

Einleitung

I. Herkunft und Übersetzer

1. Bibelübersetzungen im Mittelalter und die erste vollständig erhaltene Bibelübersetzung in deutscher Sprache

Im 18. Jahrhundert hat der gelehrte Oratorianer Jacques Lelong alle ihm greifbaren Bibeln in einem Verzeichnis erfasst.[7] Unter den deutschen Übersetzungen war ihm eine vollständige Übersetzung aus dem Mittelalter bekannt geworden. Er verzeichnet von ihr zwei Abschriften aus dem 15. Jh. Die eine entspricht der zweibändigen Bibel, die damals und bis heute in Wien aufbewahrt wird (heute unter der Signatur Österreichische Nationalbibliothek Codex 2769 und 2700), und von der zweiten ist nur der 2. Band (Propheten und Neues Testament) erhalten geblieben. Sie war schon damals in Zürich, und sie ist es heute noch (Zentralbibliothek, Signatur Car VIII 3).

Mehr als ein Jahrhundert später hat sich ein lutherischer Pastor, Wilhelm Walther (1846-1924), Professor für Kirchengeschichte in Rostock, die Aufgabe gestellt, die mittelalterlichen, vorreformatorischen deutschen Bibelübersetzungen aufzufinden und zeitlich und sprachlich einzuordnen.[8] Seine Übersicht erschien in drei grossformatigen Teilen. Er unterschied vierunddreissig "Zweige" von Übertragungen (Sp. 7-557; 703-708), zu denen noch vierundzwanzig selbständige Psalmenübersetzungen treten (Sp. 557-634) sowie eine Sammlung niederdeutscher Übertragungen, die kürzer behandelt sind (Sp. 634-703). Mit "Zweigen" meinte er Gruppen von zusammengehörigen Bibelhandschriften, die von gleichen Übersetzern stammen und einen gemeinsamen sprachlichen Charakter haben. Im Mittelalter gab es ja noch kein einheitliches "Hochdeutsch", keine über ganz Deutschland verbreitete gemeinsame literarische Sprache. Die verschiedenen Gegenden verwendeten ihre besondere deutsche Sprachgestalt.

Bei seiner Sammlung stellte Walther fest, dass die älteste erhaltene *vollständige* deutsche Übersetzung der Bibel im alemannischen Südwesten des deutschen Sprachgebiets geschaffen worden war. Sie war wie alle Übersetzungen aus dieser Zeit aus der damals allgemein verwendeten lateinischen Bibel übertragen worden. Diese lateinische Bibel bestand für das Alte Testament hauptsächlich, aber nicht ausschliesslich aus der Übersetzung des Kirchenvaters Hieronymus (um 347 bis 419 oder 420). Das Neue Testament und manche Teile des Alten stammten ursprünglich aus älteren anonymen lateinischen Übersetzungen, die von etwa 200 n. Chr. an in Nordafrika geschaffen worden waren und dann später in Italien, Frankreich (Gallien) und Spanien überarbeitet worden waren.[9] Diese alten anonymen Übersetzungen bildeten zusammen mit der Übertragung von Hieronymus die lateinische Bibel des Mittelalters. Diese war somit in Wirklichkeit eine Sammlung von Übertragungen verschiedener Herkunft und verschiedenen Alters. Ihr gab man in der Folge den Namen *Vulgata*. Dieses Wort bezeichnet die allgemein verbreitete Bibel. In der Tat las man fast überall im westlichen Europa seit der Zeit Karls des Grossen die Bibel in dieser Gestalt der *Vulgata*. In vorreformatorischer Zeit war das Latein die Sprache des Gottesdienstes und der höheren Bildung. Man brachte der lateinischen Bibel des gelehrten und hochverehrten Kirchenvaters Hieronymus grosses Vertrauen entgegen und empfand deshalb kein Bedürfnis, sie durch eine neue, direkt aus den Ursprachen geschöpfte Übertragung zu ersetzen. Dieses Bedürfnis sollte erst gegen Ende des Mittelalters am Vorabend der Reformation im Humanismus aufkommen.

2. Die älteste erhaltene vollständige Übersetzung der Bibel ins Deutsche

Walther vermutete als Ort der Entstehung dieser ältesten vollständigen deutschen Bibel in hochalemannischer Sprache ein alemannisches Gebiet in Süddeutschland, Schwaben oder die Schweiz. Da Walther zwei Handschriften aus Wien und Zürich in Schweizer Dialekt und zwei weitere aus Heidelberg und Weimar mit schwäbisch gefärbtem Deutsch kannte (das sind tatsächlich die vier Hauptzeugen der Übertragung), wollte er sich nicht über die Herkunft der Übersetzung äussern. Die Frage müsste nach seinem erfahrenen Urteil weiter geprüft werden, wie er schreibt. Als Entstehungszeit nahm er auf Grund linguistischer Beobachtungen das 13. Jahrhundert als wahrscheinlich an.[10]

1981 hat die Germanistin Marianne Wallach-Faller in einer Zürcher Dissertation den Versuch einer genauen Bestimmung und Identifizierung des anonymen Übersetzers unternommen.[11] Sie hat mit Hilfe mehrerer Indizien die Annahme als sehr wahrscheinlich vorgeschlagen, diese Übersetzung sei im Prediger- oder Dominikaner-Kloster in Zürich etwa zwischen 1300 und 1325 entstanden. Unter den Predigerbrüdern, die aus jenen Jahren bekannt sind, komme höchstwahrscheinlich der Lektor und Prior des Zürcher Dominikanerklosters Marchwart Biberli als Übersetzer in Frage. Sie vermutet, Biberli habe die Bibel für die Klosterfrauen in den zahlreichen Klöstern in und bei Zürich geschaffen, die von den Predigerbrüdern betreut wurden und welche die Heilige Schrift auf deutsch lesen wollten. Wallach-Faller hat ihre Annahmen mit grossem Scharfsinn in der Art eines Indizienbeweises zu begründen gesucht.

Namhafte Forscher sind ihr gefolgt[12], und das *Historische Lexikon der Schweiz*[13] betrachtet im Gefolge von Wallach-Faller denn auch Marchwart Biberli als den vermutlichen Bibelübersetzer. Doch es meldete sich auch Widerspruch. Wallach-Fallers Argumentation vermochte nicht alle Historiker und Germanisten zu überzeugen.[14] Die Frage, wo die älteste deutsche Bibelübersetzung entstand und wer sie schuf, ruft daher nach neuer Prüfung. Das soll hier in knappen Strichen und auf einem etwas andern Weg als dem von Marianne Wallach-Faller beschrittenen geschehen.

3. Die handschriftlichen Zeugen der ältesten vollständigen Bibel auf deutsch

Von der in Frage stehenden Bibel gibt es heute zwei vollständige und zwei nur zur Hälfte erhaltene Handschriften, die alle im 15. Jahrhundert abgeschrieben worden sind. Wilhelm Walther hatte sie bereits in seinem Werk beschrieben.[15] Die eine vollständige Handschrift in zwei Bänden, wie bereits gesagt heute in der österreichischen Nationalbibliothek in Wien unter der Signatur *ÖNB Codex 2769* und *2770*, wurde 1464 in Basel von Mathias Eberler in Auftrag gegeben und von Johann Liechtenstern aus München abgeschrieben, während die zweite in fünf Bänden heute in der *Bibliotheca Palatina* in Heidelberg liegt (Signatur *Codex Pal. Germ. 19-23*). Sie ist on-line abrufbar. Sie wurde 1440 in Hagenau im Elsass kopiert und mit schönen Miniaturen verziert. Das Schreibatelier, das die Handschrift herstellte, gehörte Diebold Lauber, der so etwas wie ein Verleger war und zu diesem Zweck ein Schreibatelier betrieb. Eine der beiden unvollständigen Handschriften dieser Bibel ist im Besitz der Zentralbibliothek Zürich und wurde 1472 ebenfalls im Elsass, in Rappoldstein, dem heutigen Ribeaupierre bei Rappoldsweiler, heute Ribeauvillé geschrieben. Erhalten geblieben ist Band 2, der die Propheten und das Neue Testament enthielt.[16] Die Handschrift trägt die Signatur *Car VIII 3 [361*. Sie war schon Jacques Lelong im 18. Jahrhundert bekannt.[17] Der erste Band ist verschollen. Die andere Abschrift gehört der *Herzogin Anna Amalia Bibliothek* in Weimar[18]. Sie trägt die Signatur *Herzogin Anna Amalia Bibliothek (HAAB) Fol 9* und *Fol 10*. Sie ist im 15. Jahrhundert kopiert worden. Die Wiener und die Zürcher Handschriften der in Rede stehenden deutschen Bibelübersetzung bilden eine verwandte Gruppe, von der sich die Heidelberger und Weimaraner Handschriften als eine andere Gruppe abheben.[19]

Die Herkunft der Handschriften weist in den deutschen Südwesten und ins Elsass. Da war die Bibelübersetzung offenbar bekannt und beliebt, sodass sie noch in der 2. Hälfte des 15. Jahrhunderts nach Erfindung des Buchdruckes bestellt und abgeschrieben wurde. Das hochalemannische Deutsch aus dem gleichen Sprachgebiet erklärt ihre Beliebtheit in diesen Gegenden. Doch darf man auch annehmen, dass hier – in Basel, Ribeauvillé und Hagenau – offenbar Exemplare vorhanden waren, die für Abschreiber, Besteller und Verleger zur Verfügung standen. Bibeln waren wohl hauptsächlich in Klosterbibliotheken zu finden. Aus dieser einleuchtenden Vermutung darf man wohl mit einiger Wahrscheinlichkeit schliessen, dass diese älteste vollständige deutsche Bibelübersetzung im 15. Jahrhundert in den Gegenden am Oberrhein in Klöstern aufbewahrt und gelesen wurde, dort bekannt war und ihre Leserschaft hatte.

Nun wurde in Zürich wohl erst in moderner Zeit ein halbes Pergamentblatt aus der Bindung eines Bandes herausgelöst, das dieselbe deutsche Übersetzung von Ezechiel 5,9-12; 5,17-6,4; 6,9-13; 7,4-9 enthält. Es trägt die Signatur der *Zentralbibliothek Zürich: Ms Z XIV 36.1.12*. Es ist die beidseitig beschriebene Vorder- und Hinterseite (*recto* und *verso*) der untern Hälfte eines Blattes, deren obere Hälfte nicht mehr erhalten ist. Der Buchbinder hatte das Blatt entzwei geschnitten und nur die eine, untere Hälfte für die Einbandverstärkung gebraucht. Dieses Pergamentblatt verstärkte den Einband des hebräischen Wörterbuches von Sante Pagnini, *Epitome Thesauri Linguae Sanctae,* gedruckt bei dem berühmten Drucker Christoph Plantin in Antwerpen 1570.[20] Dieses Buch befindet sich mindestens seit 1744 in der Stadtbibliothek von Zürich, da es im Katalog dieser Bibliothek: *Catalogus librorum bibliothecae Tigurinae* von 1744 verzeichnet ist.[21] Es ist leider nicht bekannt, wo und wann das Buch mit dem Pergamentblatt des Ezechielfragmentes gebunden wurde. Doch ist es unwahrscheinlich, dass dies in Antwerpen geschah. Denn das Bruchstück der hochalemannischen Bibelübersetzung stand einem Buchbinder als Makulatur wohl eher im Gebiet dieser Sprache zur Verfügung als in Antwerpen! Daraus folgt, dass das Buch wahrscheinlich in Zürich oder in der näheren oder weiteren Nachbarschaft von Zürich mit diesem Pergamentblatt gebunden wurde. Wie dem auch sei, wichtig ist vor allem, dass dieses Ezechiel-Fragment mit der Übersetzung des Propheten Ezechiel in dieser ersten nachweislich vollständigen deutschen Bibelübersetzung, von der hier die Rede ist, übereinstimmt! Marianne Wallach-Faller, die das Bruchstück in ihrem Buch abdruckt, hat es mit den Handschriften aus Wien (Codex 2770) und Zürich (Car VIII 3) verglichen und festgestellt, dass es sich um die gleiche Übersetzung handelt. Damit erhält die erste deutsche Bibel ein Datum, das um einiges älter als ihre vier Textzeugen aus dem 15. Jahrhundert ist. Da kein Textzeuge bekannt ist, der zeitlich noch höher hinaufführen würde, darf man auch vermuten, dass der Anfang des 14. Jahrhunderts nahe beim Zeitpunkt der Übersetzung selbst liegt.[22]

Dr. Leonhard Caflisch (1900-1989), Vizedirektor der Zentralbibliothek Zürich von 1950 bis 1962, hat diesem Fragment mit der Signatur *I 12* (so ist es bei Wallach-Faller ungenügend bezeichnet) folgende Notiz gewidmet: "Textualis XIV/in", d.h. es ist eine Buchhandschrift vom Anfang des 14. Jahrhunderts.

Einer der Verfasser des Katalogs der Fragmentensammlung der Zentralbibliothek Zürich, sei es Dr. Caflisch oder Dr. Martin Germann, bis 1996 stellvertretender Leiter der Handschriftenabteilung, oder Dr. Alfons Schönherr, wissenschaftlicher Bibliothekar an der Zentralbibliothek zwischen 1963/64 und 1980 (nach der freundlichen Mitteilung von Frau Ruth Häusler, Zentralbibliothek Zürich), alle drei kompetente Paläographen, hat mit dem Ezechiel-Bruchstück ein anderes Fragment zusammengestellt und ihm die benachbarte Signatur Zentralbibliothek Zürich *Ms Z XIV 35* gegeben. Es ist ebenfalls ein aus einem Einband herausgelöstes Blatt. Der Grund für die Zusammenstellung der beiden Bruchstücke ist paläographischer Natur: die Ähnlichkeit der Schrift der beiden Blätter ist in der Tat gross. Dem Fragment *Ms Z XIV 35* liegt im ungedruckten Fragmentenkatalog der Zentralbibliothek Zürich ein anonymer, maschinengeschriebener Zettel folgenden Inhalts bei: "Meister Eckhart: Predigten. Entspricht der Ausgabe von Quint, Band 3, Predigt 79 (= Seite 367 und 368). Pergamentcodex aus Zürich. Frauenhand. Durch Schriftvergleich datierbar und lokalisierbar. ...".[23] Da die Notiz neben dem eng verwandten Fragment *Ms Z XIV 36* (Ezechiel-Bruchstück) steht, das aus dem Anfang des 14. Jahrh. stammt und in Buchschrift ("*Textualis*") geschrieben ist, darf man die anonyme Beschreibung in dem Sinne interpretieren, dass nach dem Urteil des Paläographen das Fragment der Eckhart Predigt 79 zu Beginn des 14. Jahrh. in der Schreibwerkstatt eines Frauenklosters in Zürich entstand, genau so wie auch das Ezechielfragment. Das Frauenkloster in Zürich, das damals eine Schreibwerkstatt besass, war das Kloster Oetenbach.[24] Man könnte auch an das Kloster Töss bei Winterthur denken.[25]

Neben den beiden Fragmenten mit Ezechiel und der Predigt 79 von Meister Eckhart gibt es weitere Handschriften, welche eine vergleichbare Buchschrift aufweisen. Bemerkenswert sind drei Handschriften, jene des *Büchleins der ewigen Weisheit* des Seligen Heinrich Seuse, das die Zentralbibliothek Zürich unter der Signatur *C 172* aufbewahrt, die Handschrift von Seuses *Horologium Sapientiae* in der Zentralbibliothek in Zürich, Signatur *C 143* und das deutsche Legendar von Solothurn: Zentralbibliothek *S 451.* Pius Künzle, Marianne Wallach-Faller und Richard F. Fasching haben in verschiedener Weise gezeigt, dass alle drei Handschriften von der gleichen Hand geschrieben und sehr wahrscheinlich im Kloster Töss in der 1. Hälfte des 14. Jahrhunderts geschaffen wurden.[26] Es muss hier ausdrücklich darauf hingewiesen werden, dass das Solothurner Legendar die einzige erhaltene Nachricht von Marchwart Biberlis literarischer und theologischer Arbeit für Klosterfrauen (Dominikanerinnen in Oetenbach oder in Töss?) enthält.[27] Die Deutung der Nachricht ist umstritten.[28]

Die beiden Bruchstücke mit der Predigt 79 von Meister Eckart und dem Fragment der Ezechielübersetzung sind nicht von der gleichen Hand, und sie wurden auch nicht von der Tösser Schreiberin kopiert, welche die drei oben genannten Abschriften von Seuses *Büchlein der ewigen Weisheit,* dem *Horologium Sapientiae* und dem deutschen Legendar in der Zentralbibliothek Solothurn abgeschrieben hat. Aber der Paläograph der Zentralbibliothek Zürich hatte wohl recht, wenn er in diesen Schriften eine Verwandtschaft, d.h. eine gleiche oder verwandte Scheibwerkstatt, vielleicht sogar eine solche von Schreiberinnen, und die gleiche Zeit, nämlich den Anfang des 14. Jahrhunderts erkannte.

4. Ergebnis: wahrscheinliche Zeit und Herkunft der Bibel-Übersetzung

Aus alledem darf wohl so etwas wie ein paläographischer und kodikologischer Indizienbeweis abgeleitet werden, was Zeit und Ort der Übertragung der Bibel ins Hoch-Alemannische betrifft, so wie sie in den handschriftlichen Zeugen in Wien, Heidelberg, Zürich und Weimar mehr oder weniger getreu überliefert ist.

Erstens, das Ezechiel-Bruchstück gehört ohne jeden Zweifel zur ersten vollständig erhaltenen deutschen Bibel, die Wilhelm Walther als Übersetzung des 12. Kreises bezeichnet hat. Das ist der sichere archimedische Punkt.

Zweitens, die paläographische zeitliche Einordnung dieses Bruchstücks in den Anfang oder zumindest in die erste Hälfte des 14. Jahrhunderts ist sehr wahrscheinlich.

Drittens, da kein älterer handschriftlicher Zeuge, wohl aber mehrere aus späterer Zeit (15. Jahrhundert) für die Bibelübersetzung des 12. Kreises vorhanden sind, hat die Annahme eine gewisse Wahrscheinlichkeit für sich, das Ezechielbruchstück sei nicht weit von der Zeit der Übersetzung entfernt. Von der Sprache her scheint nichts dieser Annahme im Wege zu stehen.

Viertens, paläographisch ist die Schrift des Ezechielfragments mit andern Schriften aus klösterlichen Skriptorien des Anfangs des 14. Jahrhunderts in oder bei Zürich verwandt. Es darf auch als ganz gut möglich angenommen werden, dass seine Schrift den Buchhänden aus Skriptorien von Klosterfrauen des Predigerordens in Zürich ähnlich ist.

Fünftens, dieses Fragment Ezechiels wurde im Einband eines Buches der Stadtbibliothek Zürich gefunden, wo es sich spätestens seit 1744 befand. Der Einband dieses 1570 in Antwerpen gedruckten Buches wurde aller Wahrscheinlichkeit nach nicht in Antwerpen mit einem Pergamentblatt verstärkt. Denn in Antwerpen stand einem Buchbinder wohl keine Pergamentblätter Makulatur mit dem Bruchstück einer hochalemannischen Prophetenübersetzung zur Verfügung, die nachweislich ein Stück der Bibel des 12. Kreises enthielt. Eher ist die Annahme wahrscheinlich, ein solches Pergamentblatt sei als Makulatur entweder in einer Binderwerkstatt in Zürich oder wenigstens in der deutschen Schweiz gelegen. Das ist natürlich nicht ganz sicher, aber es ist gewiss auch nicht ganz unwahrscheinlich.

Sechstens, alle diese Beobachtungen weisen in die gleiche Zeit und in die gleiche Gegend: in das beginnende 14. Jahrhundert und nach Zürich, denn damals gab es diese Bibelübersetzung, sei es in Zürich, sei es an Orten, die mit Zürich verbunden waren. (Der Band der Bibelübersetzung, den die Zentralbibliothek in Zürich aufbewahrt, Car VIII 3, wurde im Elsass geschrieben, doch kam er nach Zürich. Wie, ist nicht bekannt. Aber ein Bezug zu Zürich ist mit diesem Endpunkt der Wanderung des Bandes gegeben.)

Siebtens, es darf hinzugefügt werden, dass in Zürich und Umgebung ein gebildetes Publikum vorhanden war, das sich für geistliche und theologische Literatur nicht nur interessierte, sondern sie sich auch verschaffte. Das waren die dominikanischen Frauenklöster. Sie kauften solche Bücher und stellten sie nachweislich auch selber in ihren Schreibstuben her, wie es für das Legendar in Solothurn wahrscheinlich ist. Die Brüder und Schwestern halfen sich dabei gegenseitig, wie das Kolophon in diesem Legendar zeigt, in welchem Marchwart Biberli wenn nicht als Übersetzer, so doch zumindest als sachkundiger Berater erscheint. Die Schwestern brauchten nicht bloss liturgische Bücher. Man las dort ebenso theologische Schriften auf hohem Niveau und auf deutsch, wie die Abschriften von Seuses und Meister Eckharts deutschen Schriften aus jenen gleichen Jahren in den Schwesterklöstern in und bei Zürich erkennen lassen! Es gab also nachweislich ein Milieu, das für eine Bibel auf deutsch Sinn und Verständnis mitbrachte.

Achtens, umgekehrt zeichnet sich keine einleuchtende Alternative ab, die es mit der hier erwogenen Wahrscheinlichkeit an Plausibilität aufnehmen könnte.[29]

5. Wer empfiehlt sich unter diesen Bedingungen als der Übersetzer?

Die Frage stellt sich unter diesen Bedingungen so: welcher Gelehrte wird in Zürich genannt, der als Gewährsmann in literarisch-theologischen Fragen Klosterfrauen in jener Zeit des beginnenden 14. Jahrhundert zur Seite stand? Es ist der schon öfter genannte Dominikaner Marchwart Biberli.[30] Er hat nach der Nachricht im Kolophon des deutschen Legendars in der Zentralbibliothek Solothurn den Klosterfrauen (vielleicht von Oetenbach oder von Töss) sachkundig geholfen, die Heiligenlegenden in einer zuverlässigen deutschen Übertragung lesen zu können. Dazu war er wegen seiner Gelehrsamkeit in der Lage.[31] Er war Lektor im Predigerkloster Zürich. Dieses wichtige Amt schloss eine gute theologische Bildung ein.

Er konnte demgemäss der Übersetzer dieser Bibel gewesen sein. Mehr gibt die Kargheit der Quellen nicht her. Es ist eine Vermutung auf Grund eines indirekten Zeugnisses.

Zusammengefasst lässt sich nach alledem festhalten, dass die Annahme, Marchwort Biberli sei der Übersetzer der ersten vollständigen Bibel in deutscher Sprache, eine *Vermutung* bleiben muss. Doch ist es keine unbegründete Vermutung, weil sein Leben in die Zeit fällt, als diese Übersetzung geschaffen wurde, und mit den Orten verbunden ist, aus denen diese deutsche Bibel hervorgegangen zu sein scheint.

6. Hauptmerkmal der Übersetzung und Walthers Vorwurf von Fehlübersetzungen

Die Vermutung, Marchwart Biberli könnte der Übersetzer der ältesten vollständigen deutschen Bibel sein, kann noch weiter und abschliessend gestützt werden, wenn die Qualität seiner Wiedergabe, die übrigens oft gerühmt wird, unter zweierlei Hinsicht ins Licht gestellt wird.

Walther hat die Eigentümlichkeit des Übersetzers hervorgehoben, für einen lateinischen Ausdruck zwei Übertragungen zur Wahl anzubieten.[32] Dass solche zweifache Wiedergaben als Alternativen zu verstehen sind, zeigt das meistens dazwischen stehende Adverb "oder". Daher sollte man solche Doppelwiedergaben, die überaus häufig sind, nicht "Tautologien" nennen.[33] Es sind vielmehr Alternativen. Im Ezechiel-Bruchstück findet sich ein Beispiel in Ez 6,4: für das lateinische "simulacra vestra", eure Götterbilder, steht in der Übersetzung: "uw[er abgot]te oder uwer bilde", "eure Abgötter oder eure Bilder".[34] Gelegentlich fügt der Übersetzer auch knappe erklärende Glossen seiner Wiedergabe hinzu.

Demnach handelt es sich um einen Übersetzer und Erklärer zugleich. Seine knappen, als zweite Möglichkeit hinzugesetzten Wiedergaben oder Glossen entspringen dem Wunsch, den biblischen Wortlaut verständlich zu machen. Dies ist ein pädagogischer Übersetzungsstil. Er verrät den Lehrer, der die Bedeutung besser erschliessen will, als es eine reine Übersetzung vermag. Vorbild ist dabei wohl Hieronymus selbst, der in seltenen Fällen seine Übertragung mit Deutungen versieht, z.B. in Exod 16,15, wo er auf das biblische Wort *man* (nämlich das "Manna") die erklärende Glosse folgen lässt: "quod significat quid est hoc?", also "*man*, was bedeutet: was ist das?", oder in Deut 32,48, wo Hieronymus zugleich übersetzt und erklärt: "in montem Abarim id est transituum", nämlich "auf den Berg Abarim, das heisst (Berg) der Übergänge".[35]

Walther meint ebenfalls, der Übersetzer habe oft falsch übersetzt, weil er das Lateinische nicht überall richtig verstanden habe; ja es seien ihm schlimme Schnitzer unterlaufen.[36] Bei genauerer Prüfung der handschriftlichen Überlieferung der Vulgata stellt sich aber heraus, dass die angeblichen Fehler des Übersetzers in Wirklichkeit oft genaue Wiedergaben der lateinischen Bibel sind, die er vor sich hatte. Der Vergleich der Übersetzung mit den verschiedenen Handschriften und Rezensionen (Ausgaben) der Vulgata wäre nötig und würde zeigen, was für eine lateinische Bibel er benutzt hat, und würde einen grossen Teil von "Fehlern" als korrekte Wiedergaben seiner lateinischen Vorlage erweisen.

Die Prüfung der Übersetzung auf Eigenart und Qualität ergibt nichts, was gegen einen gebildeten und gelehrten Übersetzer spräche. Er ist im Gegenteil bemüht, die Bedeutung des Textes nicht nur zu übertragen, sondern mit zutreffenden knappen Zusätzen ins Licht zu rücken.

Zum Abschluss muss auch noch als Vorsichtsmassregel für Leser angemerkt werden, dass die Kopisten der vier Hauptzeugen dieser Bibelübertragung sich Freiheiten genommen haben und den Text nicht selten verändert und sprachlich und sachlich ihrer Vorstellung angepasst haben. Es muss daher überall der ursrpüngliche Wortlaut festgestellt werden, soweit dies möglich ist. Das konnte in dieser vorläufigen Ausgabe natürlich nicht geleistet werden.

7. Ausblick

Was über die Ursprünge der hier vorgestellten ältesten vollständig erhaltenen Bibelübertragung erarbeitet wurde, hat auf weite Strecken den Charakter von Vermutungen. An Sicherem kann aus den Quellen nur Weniges gewonnen werden. Hier sollten die paläographischen und kodikologischen Mosaiksteinchen einbezogen werden, die bisher in der wissenschaftlichen Diskussion um die älteste vollständige deutsche Bibel kaum Beachtung gefunden haben. Sie verleihen aber der von Marianne Wallach-Faller erstmals erwogenen Möglichkeit, dass die Bibel in Kreisen der Predigerbrüder und -schwestern in Zürich um 1300 geschaffen worden sein könnte, höhere Wahrscheinlichkeit. Ich hoffe, ich habe sie nicht überinterpretiert.

Es braucht nun natürlich eine umfassende wissenschaftliche Untersuchung, die allen Argumenten Rechnung trägt. Dieses vorliegende kleine Buch kann und will das nicht leisten. Es will aber Freude an dieser Bibel wecken, sie der Vergessenheit entreissen und vielleicht den Weg für eine solche vertiefte Beschäftigung mit ihr bahnen. Sie ist ein Denkmal der Kultur- und Christentumsgeschichte, das sehr wohl in unserem Land und in Zürich errichtet worden sein mag zur Ehre des Wortes Gottes in der Heiligen Schrift.

II Zürich und die Prediger-Brüder und Schwestern um 1300

1. Marchwart Biberli

Die oben unter I gebotene ausführliche Darlegung über die wahrscheinliche Herkunft und über den wahrscheinlichen Übersetzer der ersten deutschen Zürcherbibel weist auf Zürich und den Predigerbruder Marchwart Biberli. Gibt es weitere Auskünfte über Leben und Wirken dieses Mannes? Oder, um mit Marianne Wallach-Fallers Worten zu fragen: "*Wer war nun der Dominikaner-Lektor Marchwart Biberli, der hier aus dem Dunkel der Geschichte als einer der bedeutendsten deutschsprachigen Bibel- und Legendenübersetzer des Mittelalters auftaucht?*"[37]

Marchwart Biberli lebte im Predigerkloster der Stadt Zürich, war also Predigerbruder, heute eher unter der Bezeichnung *Dominikaner* bekannt. Er hatte dort die Ämter als Lektor und später als Prior inne, ein angesehener Mann also. Das verträgt sich gut mit seiner Herkunft. Er stammt wahrscheinlich aus dem seit 1167 bezeugten und im 13./14. Jahrhundert sehr angesehenen Zürcher Bürgergeschlecht Biberli. Marchwarts Leben als Kind und Jugendlicher spielte sich aber nicht nur im Rahmen seiner Familie ab, sondern auch im Zürcher Manessekreis. Die Biberli standen in enger gesellschaftlicher, wenn nicht sogar verwandtschaftlicher Beziehung zur Familie Manesse und somit im Zentrum des damaligen Zürcher literarischen Lebens. Marchwart kam also sehr früh in Kontakt mit der besten deutschsprachigen Dichtung seiner Zeit, was sich bestimmt prägend auf sein Sprachgefühl auswirkte. Aus dem Manessekreis ist ausser Marchwart Biberli ein weiterer schriftstellerisch tätiger Angehöriger des Dominikanerordens bekannt: Eberhard von Sax. Ferner schrieben ungefähr zur gleichen Zeit im Zürcher Dominikanerinnenkloster Oetenbach mehrheitlich aus Zürich stammende, nicht namentlich genannte Schwestern an den sogenannten Schwesternviten, und die bedeutende Schriftstellerin Elsbeth von Oye schrieb ihre Offenbarungen nieder. Eigenhändige Aufzeichnungen der Adelheid von Freiburg sind nicht belegt, aber möglich.[38] Ähnliches könnte m.E. für Elsbeth von Beggenhofen und für Ita von Hohenfels gelten. Im Dominikanerinnenkloster Töss lebte zur gleichen Zeit die bekannte Zürcher Schriftstellerin Elsbeth Stagel.

2. Zürich um 1300

Marchwart Biberlis Leben verlief offenbar in einem geistig und geistlich höchst anregenden Zürich.[39] In der Tat war Zürich im späteren Mittelalter "eine Kirchenstadt".[40] Die Pfarrkirche St. Peter, die Fraumünsterabtei, das Chorherrenstift (Propstei) am Grossmünster, die Wasserkirche sowie die fünf Bettelordensklöster der Prediger, Barfüsser, Augustiner-Eremiten und der Dominikanerinnen von Oetenbach und St. Verena mit ihren Kirchen beherrschten das Bild der rund 5000 Einwohner zählenden Stadt innerhalb ihrer Ringmauern. Dazu kamen ausserhalb der Stadtmauern das Kloster St. Martin der Augustiner-Chorherren auf dem Zürichberg, das Zisterzienserinnenkloster Selnau und eine Reihe weiterer Kapellen, nicht zu reden von den zahlreichen Schwestern- und Bruderhäusern in und um die Stadt. An die bedeutende Rolle der Bettelorden ab dem 13. Jh. bis zur Reformation erinnern heute noch die Prediger- und die Augustinerkirche, Reste des Kreuzgangs der Barfüsser, die Situation des einstigen Klösterchens St. Verena an der Froschaugasse, die ehemaligen Beginenquartiere südlich der Predigerkirche sowie an den Untern und Oberen Zäunen und wenigstens der Name der Oetenbachgasse. Dies alles widerspiegelt das farbige und kirchliche Leben der Stadt von damals.

Wie gestaltete sich das kirchlich-pfarreiliche Leben in der Stadt? Mit der Stadtwerdung bildete sich im 12. Jh. eine differenzierte Pfarreiorganisation heraus. Die Seelsorge an Laien wurde geregelt. Es gab Leutpriester an den Stadtkirchen. Es bestand Pfarreizwang, d.h. die Einwohner der Stadt waren den festen Pfarrsprengeln zugeteilt, nämlich den Pfarreien Grossmünster, St. Peter und Fraumünster. Diese waren zuständig für Taufe und Begräbnis, für den Messbesuch an Sonn- und Feiertagen, für die verordnete Erfüllung der Osterpflicht (Beichte und Kommunion) sowie die offizielle Verkündigung von Eheschliessungen.

3. Die Bettelorden in Zürich

Mit dem Auftreten der Bettelorden ab dem 13. Jh. wurden diese Strukturen aufgeweicht. Dabei darf nicht übersehen werden, dass das Entstehen dieser neuen Orden eng zusammenhing mit dem gesellschaftlichen und wirtschaftlichen Aufschwung des Hochmittelalters, mit der Intensivierung der Geldwirtschaft, des Handels und der gewerblichen Produktion, mit dem Wachstum der Städte und der zunehmenden Mobilität der Bevölkerung.

Der Wandel blieb nicht ohne Einfluss auf das Menschen- und Gottesbild. Bisher wurde Gott eher als der ferne majestätische und auch gefürchtete Weltenherrscher erfahren. Mit dem geistigen Aufbruch, mit der Verfeinerung der Kultur der Laien kam es zu einer Vertiefung der Frömmigkeit, zu einem vermehrt persönlichen, inneren religiösen Leben. In den Vordergrund trat die lebensnahe menschliche Gestalt Jesu. Jesus, der mit seinen Aposteln arm umhergezogen war und die frohe Botschaft verkündigt hatte, entsprach dem neuen Lebensbild.

Der Unterschied zu den älteren Mönchsorden war eklatant. Diese hatten ihre Klöster in abgelegener Einsamkeit gegründet, sie pflegten einen meditativen Lebensstil mit viel Schweigen, sie lebten vom Grundbesitz und von der Landarbeit – in ökonomischer Sicherheit also. Im Gegensatz dazu klinkten sich die Bettelorden aus der feudalen Wirtschaftsordnung aus, sie liessen sich mitten im Gewimmel der Städte nieder und widmeten sich der aktiven Seelsorge.

Für die Bettelorden, insbesondere für die Predigerbrüder, war eine solide theologische Ausbildung für ihren Predigtauftrag von grosser Bedeutung. Auch aus diesem Grund liessen sie sich in den Städten nieder, vorzüglich in Städten mit einer Universität. Ihre jungen Brüder absolvierten dort ihr Studium, und andere Studenten liessen sich von der Aufbruchsstimmung der neuen Orden anstecken und traten dort ein.

4. Das Predigerkloster in Zürich

In Zürich liessen sich die Predigerbrüder, auch Dominikaner genannt, 1230 als erster der Bettelorden nieder. Sie und die andern beiden Männerorden konnten ihre Klöster nach dem Wunsch und Willen und mit der Unterstützung der Stadt errichten. Die Stifte hingegen zeigten Widerstand. Denn mit der Ansiedlung der Bettelorden oder Mendikanten durchbrach die Stadt das Seelsorgemonopol der Pfarreien, und da diese Orden exemt, d.h. nicht unter der Jurisdiktion der Bischöfe standen, eröffnete sich ihnen so der "freie Markt der Seelsorge".[41] Damit löste sich die Stadt ein Stück weit aus der geistlichen Abhängigkeit der alten Stifte. Das entsprach ihrem neuen Selbstbewusstsein und ihrer wachsenden Autonomie. Der Konflikt mit den Pfarrsprengeln war damit vorprogrammiert, besonders in Bezug auf Predigt, Beichte, Messe und Begräbnis. Die oft besser ausgebildeten Mendikanten stellten den traditionellen Pfarrklerus etwas in den Schatten.

Der Papst unterstützte die Predigerbrüder und die Barfüsser. Mit einer Bulle vom 18. Februar 1300 aber schuf Papst Bonifaz VIII. eine tragfähige Regelung des Verhältnisses zwischen diesen beiden Orden und dem Pfarrklerus in den strittigen Fragen. *Die Ansiedlung der ersten Bettelordenklöster in Zürich ist im wesentlichen das Werk von Bürgerschaft und Rat, ein Unternehmen, das die junge Stadtgemeinde angesichts von Bischof und Klerus freilich nur mit massiver päpstlicher Hilfe durchzusetzen vermochte.*[42]

Festzuhalten ist aber, dass nicht nur Streit und Eifersucht zwischen den alten und den neuen Seelsorgern geherrscht hatte. Es gab freundschaftliche Beziehungen und fruchtbaren geistigen Austausch zwischen den gelehrten Predigern und den Vertretern des Chorherrenstifts. Konrad von Mure, Leiter der Stiftsschule und Inhaber des neu geschaffenen Kantorenamtes, ein literarisch höchst vielseitiger und produktiver Chorherr, scheint persönlich den Dominikanern gegenüber grosse Hochachtung und Bewunderung empfunden zu haben. Dasselbe gilt für Probst Otto von Manesse, der Ende 1259 sogar sein Amt niederlegte und dem Predigerkloster beitrat. Zwischen Predigerkloster und Chorherrenstift wurden offenbar auch Handschriften ausgetauscht.[43] Der Klerus schätzte die von den Mendikanten ausgehenden Impulse für Seelsorge und Wissenschaft, und die Mendikanten respektierten den Weltklerus. Und schliesslich, wörtlich mit Magdalen Bless: *Die drei Mendikanten-Männerklöster sowie das Dominikanerinnenkloster Oetenbach lagen ringförmig um die Stadt direkt an der Stadtmauer und verstärkten gleichsam deren Schutz auf der spirituellen Ebene.*[44]

5. Der Predigerorden

In diesem geistlichen und bürgerlichen Aufbruchsklima der Stadt also hat der Predigerbruder Marchwart Biberli gelebt. Aufbruchsstimmung kennzeichnete aber auch seinen Orden, geistlich und intellektuell. Der Prediger- oder Dominikanerorden wurde 1216 gegründet, und bei der Errichtung des Konventes in Zürich 1230 wirkte noch die Frische des Ursprungs. Einer *der angesehensten Theologen seiner Zeit*[45], Hugo Ripelin, leitete und prägte als Prior und als Subprior die ersten 30 Jahre des Konventes. Die enorme Mobilität des jungen Ordens ermöglichte Bruder Marchwart Begegnung und Austausch mit zahlreichen Mitbrüdern. Den Zürcher Dominikaner Lütold von Regensberg, ein gelehrter, weltoffener Historiker, der in Basel, Rom und Viterbo wissenschaftlich arbeitete, konnte der junge Marchwart noch gekannt haben.

Zu nennen sind ferner die beiden Konstanzer Dominikaner Heinrich und Hugo von Schaffhausen, die auch in Zürich wirkten, Heinrich als Lektor, Hugo als Prior und später als Provinzial der Teutonia.[46] Teutonia ist die deutschsprachige Provinz des Ordens. Provinziale sind immer unterwegs, um die Brüder und die Klöster zu visitieren. Marchwart Biberli wird den berühmten Theologen Dietrich von Freiberg, Provinzial von 1293-1296, gesehen und gesprochen haben. 1303 wurde die zu gross gewordene Teutonia aufgeteilt. Für die nördlichen und östlichen Gebiete wurde die Saxonia gegründet, und deren erster Provinzial wurde Meister Eckhart, wiederum ein hochangesehener, berühmter Theologe und Mystiker, Amtszeit von 1303-1310. Obwohl Zürich nicht zu seiner Provinz gehörte, ist Eckhart trotzdem vermutlich mehr als einmal in Zürich zum Übernachten abgestiegen. Als Provinzial musste er an die Generalkapitel des Ordens reisen und deshalb halb Europa durchqueren. Ausserdem wurde ihm ab 1311 vom Ordensmeister eine Sondermission mit Sitz in

Strassburg übertragen. Er hatte als Generalvikar die süddeutschen Beginen und Dominikanerinnenklöster zu betreuen und unter seine Aufsicht zu nehmen. Dazu gehörte mit Sicherheit auch das Zürcher Dominikanerinnenkloster Oetenbach. Bruder Marchwart dürfte spätestens zu dieser Zeit Meister Eckhart im Zürcher Konvent begegnet sein, wenn nicht schon in Eckharts Amtszeit als Provizial der Saxonia.

Dass Meister Eckhart tatsächlich in Zürich war, bezeugen nun aber nicht die Brüder des Predigerkonvents, sondern die Schwestern von Oetenbach, siehe unten das Kapitel 10, Mystik in Dominikanerinnenklöstern.

6. Frauenseelsorge der Predigerbrüder

Mit der Bedeutung der Frauenseelsorge im Dominikanerorden wird ein weiteres für Marchwart Biberli wichtiges Thema angesprochen. Frauenseelsorge im Predigerorden hat seine Geschichte! Sie begann 1207 mit einem Frauenkloster. Exakter: der Predigerorden begann mit einem Konvent für Frauen und dem Predigtwerk, beides vom heiligen Dominikus zielbewusst aufgebaut. Das geschah in Südfrankreich, in Prouille (Diözese Carcassonne). Dominikus, ein Spanier, ist zusammen mit seinem Bischof, dem Bischof von Osma, im Auftrag der Kirche als Wanderprediger zur Bekehrung der Katharer unterwegs. Das Frauenkloster in Prouille war nun im Auftrag des Papstes für eine Gruppe von Predigern bestimmt nicht vorgesehen. Was die Frauen, Dominikus und – der Bischof von Osma ist inzwischen gestorben – seine Predigtgefährten aber höchst wahrscheinlich von Anfang an hatten, das war das Nutzungsrecht der Kirche von Prouille. Auf diese ganz reale Art wurde das Herz des zukünftigen Ordens zu Beginn an diesem Ort eingepflanzt und in diesem Sinn ist Prouille in keiner Weise ein Zufallswerk des Dominikus, das man in der Folge vergessen konnte. Im Gegenteil, Dominikus hat aus diesem Haus der Schwestern von Anfang an ein integrales Stück seiner Predigt gemacht. Ein urkundlicher Beweis dafür ist zu lesen in einer Schenkung. Diese war gerichtet an *Gott den Herrn und die selige Maria und alle Heiligen Gottes und an die Heilige Predigt und den Herrn Dominikus von Osma und alle heutigen und zukünftigen Brüder und Schwestern.*[47] Dominikus übernahm ab Mitte 1207 die alleinige Verantwortung für Prouille. Er lehrte die Frauen das Ordensleben, in Gegenwart der Brüder übrigens, *weil sie keinen andern Meister hatten, der sie darin unterrichtete.*[48] Ungeachtet dieser engen Verbindung war er nie ihr Prior, sie hatten von Anfang an eine Priorin. Er dachte auch nie daran, sie einem bestehenden Orden ein- oder anzugliedern. *Das Erstaunlichste, das Kühnste war, dass er sie unter sich selbst liess.*[49] Man bedenke: ehemalige Ketzerinnen! *Die schlichte Tatsache, dass die Nonnen von Prouille niemals irgendeinem andern Orden affiliiert waren, kann als Argument zugunsten der Idee aufgefasst werden, dass Dominikus zu diesem frühen Zeitpunkt schon damit begann, über ein Ordensgebilde nachzudenken, das sowohl Brüder wie Schwestern umfassen würde.*[50] Seit diesem Anfang besteht das aufeinander Angewiesensein von Brüdern und Schwestern im Orden und ebenso ihr Zusammengehören in Freundschaft.

So ist es nicht erstaunlich, dass von allen drei Zürcher Bettelordenklöstern das Predigerkloster weitaus am stärksten in der Frauenseelsorge engagiert war. *Nicht weniger als acht Frauenklöster unter dominikanischer Leitung befanden sich in ihrem Terminbezirk, davon waren vier dem Orden angegliedert... Die Klöster Oetenbach und Töss wurden noch während der Amtszeit von Prior Hugo Ripelin gegründet und bis zur Reformationszeit von Zürcher Brüdern betreut. Oetenbach und Töss gehörten zu den ältesten Dominikanerinnenklöstern der deutschen Ordensprovinz.*[51] Wenn man noch bedenkt, dass der unmittelbare Nachfolger des Dominikus als Ordensmeister, Jordan von Sachsen (1222-1237), selbst ein aussergewöhnlich starker Freund der Dominikanerinnen (nachzulesen in der Geschichte des Dominikanerinnenklosters von Bologna), auf seinen ungezählten Reisen durch Europa auch das Predigerkloster Zürich besucht hat, wurden in diesem Zusammenhang die Zürcher Brüder bestimmt nicht anders beraten, sondern warm unterstützt in der Seelsorge der Schwestern. (Dies unbeschadet der Tatsache, dass er als Ordensmeister Wege suchen musste, wie die Frauenseelsorge mit dem Predigtauftrag der Brüder unter einen Hut zu bringen war, siehe dazu das nächste Kapitel.)

Der Zürcher Konvent gehörte in der Tat zu den ältesten Konventen der Teutonia, was allein schon eine gewisse Vorrangstellung innerhalb der Provinz mit sich brachte.[52] Dieser Konvent war in seiner Glanzperiode um 1300 auch ein Ort intensiven Bibelstudiums. Der Ausweis dafür ist, dass eine der kostbaren Alkuinbibeln aus der Schule von Tours aus dem 9. Jahrhundert höchstwahrscheinlich zur Bibliothek des Predigerklosters gehörte. Die Vulgata nach der Redaktion Alkuins war im 13. Jahrhundert die Grundlage einer kritischen Bibelwissenschaft, wie sie an der Universität Paris vor allem von Vertretern der beiden Bettelorden betrieben wurde.[53] Diese Bibel wurde Ende 8. Jahrhundert von Karl dem Grossen einem seiner engsten Vertrauten, dem gelehrten Alkuin, Abt des Benediktinerklosters St. Martin in Tours, in Auftrag gegeben. Alkuin musste den Bibeltext der Vulgata sprachlich bereinigen und im grossen Scriptorium des Klosters abschreiben lassen. *Neu war nicht nur die Textfassung, auch die Form dieser Abschriften folgte nicht den bisherigen Usanzen, die verschiedenen Bücher der Heiligen Schrift einzeln abzuschreiben. Diese wurden* (jetzt) *gleichzeitig von mehreren Mönchen geschrieben und danach zu einem Codex gebunden.*[54] Die in der Zentralbibliothek Zürich erhaltene Alkuinbibel *trägt einen Besitzeintrag aus dem 13./14. Jahrhundert, der besagt, dass sie damals im Predigerkloster in Zürich lag. ... Sie zeigt die karolingische Schriftkunst auf der höchsten Stufe der Perfektion.*[55] Von diesen Alkuin-Bibeln, auch Biblia Carolina genannt, haben sich in der Schweiz vier erhalten, die andern drei in der Burgerbibliothek Bern, in der Universitätsbibliothek Basel und in der Stiftsbibliothek St. Gallen.[56]

7. Das Zürcher Dominikanerinnenkloster Oetenbach

An der Errichtung des Dominikanerinnenklosters Oetenbach hatten die Zürcher Prediger bestimmt von Anfang an massgeblichen Anteil. Sie wollten ein reguliertes Frauenkloster. Das geht daraus hervor, dass die Schwestern 1237 die Regel von San Sisto wählten.[57] San Sisto ist das erste Dominikanerinnenkloster nach Prouille, von Dominikus in einem alten römischen Kloster im Auftrag des Papstes neu eingerichtet mit Schwestern aus verschiedenen andern Klöstern. Die Regel entspricht der Lebensart der Schwestern von Prouille und wurde die Regel für Dominikanerinnen. Darauf wären die ersten Zürcher Schwestern mit Sicherheit nicht gekommen ohne die Predigerbrüder. In der Stiftungsurkunde heisst es ja, wie eine ehrbare Frau namens Gertraut von Hilzingen, die nahe beim Predigerkloster wohnte, durch das Beispiel der Dominikaner zum Ordensleben angeregt wurde. *Die selbe andächtige Person sah so grosse Heiligkeit von den Brüdern des Predigerordens, wie sie so fleissig ihren Orden hielten und von da gewann sie einen brennenden Ernst, auch zu führen ein solches geistliches heiliges Leben.* Sie fand zwei ebenso willige Frauen und fing mit ihnen in einem öden Haus in grosser Armut das ‚Kloster' an. *Also liessen sie sich nieder auf Gottes Erbarmen.*[58] Das Kloster wurde in der Folge von führenden Zürcher Ratsfamilien mit Vergabungen unterstützt, wohl nicht zuletzt deswegen, weil viele Schwestern aus Zürich gebürtig und oft aus vermögenden Familien waren. So konnten die Schwestern nach zweimaligem Umziehen auf dem Sihlbühl in der Stadt ihr Kloster bauen. Der Besitz des Klosters wuchs. Als dessen besonders umsichtige Verwalterin ist die langjährige Priorin Cäcilia von Homberg zu erwähnen. Unter ihr unterhielt das Kloster auch enge Beziehungen zu dem Kreis hochadliger Geschlechter, der auch am Zustandekommen der Manessischen Liederhandschrift beteiligt gewesen zu sein scheint. Wenige Jahrzehnte nach der Annahme der Regel von San Sisto präsentierte sich Oetenbach als *ein prosperierendes Frauenkloster, das sich mit Hilfe der Herkunftsfamilien und der Zürcher materielle und rechtliche Basis für die endgültige Aufnahme in den Dominikanerorden zu schaffen wusste.*[59] Oetenbach ist also in direkter Anlehnung an den Zürcher Predigerkonvent entstanden, denn die Schwestern *hatten keinen Stifter zu Anfang ihres Klosters, auch keinen Herren, mit dessen Hilfe sie sich hätten trösten können.*[60] Anders hingegen das Kloster Töss, das eine Stiftung Hartmanns IV. von Kyburg war, der vermutlich auch die Unterstellung der Schwestern unter die Zürcher Prediger veranlasst hatte.[61] Die Beziehung Oetenbachs zum Zürcher Predigerkonvent hatte auch seine Vorteile für den Letzteren. Der männliche Ordenszweig hatte nämlich strengere Armutsvorschriften als die Schwestern. So konnte, eigentlich als Umgehung der Vorschriften, Oetenbach als Treuhänderin von Predigerbesitz eingesetzt werden, was mehrmals beurkundet ist.[62]

Die Zürcher Prediger und die Schwestern von Oetenbach waren also eng verbunden. Die wichtigste Auswirkung liegt zweifellos in der geistlich-theologischen Begleitung der Brüder für die Schwestern und im daraus folgenden beiderseitigen Austausch. Die Predigerbrüder haben offiziell vom Orden den Auftrag, den Schwestern diesen Dienst zu tun. Zwischen 1228 und 1259 allerdings kämpften die Brüder um die Befreiung von dieser Aufgabe. Die Zahl der Dominikanerinnenklöster war enorm angestiegen, im deutschen Sprachraum allein, also in der Provinz Teutonia, waren es 82 Klöster. Zum Vergleich: in den übrigen 11 Provinzen des Ordens gab es insgesamt nur 18! Die Brüder fürchteten, ihrem eigentlichen Auftrag, der Predigt entzogen zu werden. Der Kampf wurde schliesslich von Rom aus entschieden, zugunsten der Frauen. 1259 entschied das Generalkapitel endgültig, die cura monialium (die Seelsorge für die Ordensschwestern) wieder aufzunehmen. Was aber am erstaunlichsten ist: 1278 verordnet der Provinzprior der Teutonia, Hermann von Minden, für diese Aufgabe dürften es nicht irgendwelche Brüder sein, *sondern fratres docti* (gelehrte Brüder). Hermann von Minden übrigens kannte Oetenbach persönlich, er schätzte die Schwestern. *Und weil er das tapfere geistliche Leben der seligen Schwestern zu Oetenbach gut kannte, nahm er vier wohl geübte Schwestern von Oetenbach und tat sie nach Bern in das neue Kloster Brunnadern, damit sie dort mit Beispiel, Leben und Lehren die selben Schwestern dort unterweisen sollten in aller Geistlichkeit des Ordens und in den göttlichen Tugenden.* Eine der vier Oetenbacher Schwestern wurde dort Priorin.[63] Die Verordnung Heinrichs von Minden war für die fratres docti ein nachhaltiger Auftrag! Es ergab sich, dass so gebildete und angesehene Brüder des Ordens wie Meister Eckhart, Dietrich von Freiberg, Heinrich Seuse, Johannes Tauler die Seelsorge auf sich nahmen und bei den Schwestern predigten, Vorträge hielten und Gespräche führten. Und sie hatten anspruchsvolle Hörerinnen, anspruchsvoll in dem Sinn, dass ihre Begierde nach einem wahren geistlichen Leben gross war. Die Brüder fanden ein sehr rege teilnehmendes, den Prediger anregendes Publikum vor. Diese Berührung von gelehrter Theologie und tiefer Gotteserfahrung ist von grosser Bedeutung für die Geschichte der Theologie und der Spiritualität. Der Mitteilungsfluss war ja keineswegs einseitig, nur von den Theologen her. Die Schwestern waren bereit, von ihren intensiv spirituellen, ja mystischen Erfahrungen den Brüdern mitzuteilen, was die Brüder herausforderte, ihre eigenen spirituellen und mystischen Erfahrungen und Erkenntnisse zu formulieren.

Dieser Auftrag der Predigerbrüder und was daraus folgte, war massgeblich verantwortlich für das Phänomen der Deutschen Mystik, der Predigermystik. Sie ist entstanden aus der tiefgreifenden Beziehung zwischen Schwestern und Brüdern im Dominikanerorden. Diese Seelsorge der Brüder für die Schwestern hat weitere wichtige Konsequenzen. Theologie musste ganz neu gedacht werden, was aber auch damit zu tun hatte, *dass die Predigermönche einer ganz neuen spirituellen Quelle begegnet sind, die bis dahin praktisch übersehen worden war, nämlich den Frauen, ihrer Erfahrung und ihrer Sprache.*[64] Daraus folgen Schriften theologischen Inhalts in deutscher Sprache. Die Schwestern waren nicht ungebildet, die meisten konnten vermutlich lesen und schreiben, aber Latein beherrschten sie nicht. Also begannen die Zürcher Prediger seit dem ausgehenden 13. Jahrhundert für die Unterweisung der Schwestern, geistliche Literatur auf Deutsch zu schreiben. *Damit ist eine literarische Situation angedeutet, die für die erste Hälfte des 14. Jhs. höchst charakteristisch ist,* schreibt Martina Wehrli-Johns, und sieht den gleichen Zusammenhang: *Es ist die Entwicklung volkssprachlicher Literatur aus der Tatsache der engen Beziehungen zwischen bestimmten religiösen Frauengemeinschaften und ihren Seelsorgern aus dem Predigerorden.*[65] Genau benannt heisst das: zwischen den Predigerbrüdern und ihren Schwestern im Orden. Martina Wehrli beurkundet Johannespredigten der Konstanzer Dominikaner Heinrich und Hugo, die beide im Zürcher Konvent assigniert waren und als Lektor bzw. als Prior amteten. Auch Marchwart Biberli war zeitweise als *wiser lesmeister brediger ordens* Seelsorger in Oetenbach und andern Frauenklöstern.[66] Nach M. Wallach-Faller übersetzte Biberli ein Heiligenlegendar auf Deutsch und liess den Text unter seiner Aufsicht entweder in Oetenbach oder in Töss schreiben,[67] und mit grosser Wahrscheinlichkeit übersetzte er vor allem eben die erste Zürcherbibel.

Ab 1330 dürfen die Brüder das Kloster der Schwestern generell für gottesdienstliche Handlungen betreten, früher war das nur für bestimmte Feiertage erlaubt.[68] In den Schwesternviten von Oetenbach sind ausser dem ersten Prior, Hugo Ripelin, ebenfalls namentlich Macharius, Albrecht von Bello, der Prior Johannes, Beichtvater u.a. der Elsbeth von Beggenhofen erwähnt, und wie bereits gesagt Meister Eckhart, der nicht vom Zürcher Predigerkloster war.[69] In den Schwesternviten von Töss[70] werden oft Dominikaner als Prediger und Beichtväter erwähnt, meistens namentlich. Beispiele: *Einmal predigte der Provinzial im Advent; Bruder Aquillus, einer der ersten Dominikaner in deutschen Landen; Bruder Wolfram, unser Provinzial; Hugo, der Provinzial, der war ihr Beichtiger* (der Jützi Schulthasin); in Diessenhofen *Hugo von Stoffenberg, Lesemeister zu Konstanz.*[71]

Im Stiftungsbericht und in den Viten der Schwestern von Oetenbach wird mehrmals hervorgehoben, wie wichtig für die Schwestern die Predigt, der Zuspruch, die persönlichen Gespräche mit den Brüdern waren. Beispiele: *Nun war der Prior der Prediger ein heiliger Mann, der tröstete sie oft mit dem Gottes Wort; Die andächtigen geistlichen Schwestern waren allwegs in der Pflicht der ehrwürdigen Väter und Brüder Prediger Ordens zu Zürich und das war ihnen der grösste Trost, denn sie hatten allezeit gute und heilige Lehre von ihnen; dies sagte ihr Beichtiger auch von ihr, Bruder Albrecht von Bello, nämlich von der Reinheit des Lebens der Ita von Hohenfels.*[72]

Die Schwestern lebten natürlich nicht allein von der Predigt und den Gesprächen mit den Predigern. Ihr klösterlicher Alltag war streng strukturiert. Marie-Luise Ehrenschwendtner stellt dies ausführlich dar. Zwischen Mitternacht und drei Uhr morgens, je nach Jahreszeit, begann die Matutin, gefolgt von den Laudes. Danach war Raum für private Lesung, Gebet oder Schlaf. Dann die kleinen Horen Prim und Terz, die Konventsmesse, Kapitel, Arbeit, Sext, Non, Mittagessen, Freiraum für Ruhen, Lesen, Beten. Dann wieder Arbeit und am späten Nachmittag die Vesper, Abendessen. Als Tagesabschluss die Komplet mit der Salve Regina-Prozession.[73]

Die Zeit nach der Matutin war im Predigerorden eine besonders kostbare Zeit für die Meditation. Heinrich Seuse beginnt sein "Büchlein der Ewigen Weisheit" mit den Worten: *Es stand ein Prediger zu einer Zeit nach der Mette vor einem Kruzifixus und klagte Gott inniglich, dass er nicht konnte betrachten Jesu Leiden und Marter, und dass ihm das bitter war.*[74] Immer wieder liest man, wie viele der Brüder diese Zeit dafür nutzten, nicht zuletzt in frommer Erinnerung an den heiligen Dominikus, der Nächte lang betete. Dass ihre Schwestern davon wussten, ist kaum zu bezweifeln.

Was die Arbeit der Chorschwestern betrifft, gab es Handarbeit verschiedener Art sowie Schreiben und Malen. Die Schwestern sollen immer etwas zu tun haben, das wird den Novizinnen mit Ernst beigebracht. *Man soll sie auch lehren, dass sie nie müssig sind, vielmehr, dass sie lesen, schreiben, beten oder nützliche Dinge betrachten, zudem soll man sie etliche Handwerke lehren, die sie nicht konnten, wie schreiben...und dazu anhalten, dass sie etwas an Buches bei sich tragen, in dem sie alle Zeit lesen, so sie nichts Besseres zu tun haben... Lasst sie nicht feiern, jede soll schreiben, malen, Holz tragen, korrigieren.*[75]

8. Lesende und schreibende Dominikanerinnen

Nicht nur die Predigerbrüder als die Theologen und Seelsorger predigten und schrieben auf Deutsch. Auch die Schwestern selber schrieben. Die schriftlichen Dokumente der Dominikanerinnen stammen vor allem aus den berühmten Schwesternviten ihrer Klöster. Das sind Sammlungen von Lebensbildern frommer und mystisch begabter Schwestern eines Klosters. Die Verfasserinnen schreiben mit der Absicht, das heiligmässige Leben und die Gnadenerweise der Schwestern den nachfolgenden Generationen zu erhalten und zugleich als Belehrung und Anleitung für die Schwestern der Gegenwart. Schwesternviten im schweizerischen Raum gibt es von Oetenbach Zürich[76], Töss bei Winterthur[77] und von Katharinental Diessenhofen[78]. Was die Autorschaft der Schwestern betrifft, muss ergänzt werden, dass ein späterer Zürcher Dominikaner, Johannes Meyer, um die Mitte des 15. Jhs. die Schwesternviten und auch die Stiftungsurkunde von Oetenbach neu redigierte.

Die Bildung der Schwestern um 1300 ist also nicht zu unterschätzen. Erkennbar ist sie allein an den gut dotierten Bibliotheken und an den historisch bezeugten Schreibstuben. Schreiben konnten wohl die meisten, Schriftstellerinnen allerdings waren es eher wenige. Ihr theologisches Wissen empfingen sie vor allem durch die tägliche Liturgie, aber auch aus dem grundlegenden Noviziatsunterricht, aus den Ansprachen der Priorin im Kapitel und, wie bereits dargelegt, durch die Unterweisung der Mitbrüder und schliesslich auf Grund der dominikanischen Pflicht zum ständigen Weiterstudium.

Die Oetenbacher Dominikanerinnen hatten eine Bibliothek. Das geht aus der Stiftungsurkunde hervor. Die Schwestern mussten mehrmals umziehen. *Und da das Kloster gebaut war, dass sie darinnen möchten bleiben, da bereiteten sie sich vor und sandten ihre Bücher und anderes, das sie hatten, auf die neue Hofstatt.*[79] Die Bücher werden als erstes und einzig benanntes der Umzugsgüter erwähnt! Leider ist der Bücherbestand der Bibliothek nicht dokumentiert, es sind keine Bücherverzeichnisse überliefert und nur wenige Bücher nachgewiesen. Gesichert sind die "Offenbarungen der Elsbeth von Oye". Bemerkenswert ist Heinrich Seuses "Büchlein der ewigen Weisheit", das eindeutig als Besitz der Oetenbacher nachgewiesen ist. Die Ausgabe gehört zu den ältesten Textzeugen des Werks. Die übrigen drei Seuse-Schriften, die er nachher im "Exemplar" herausgegeben hat, nämlich die Vita, das "Büchlein der Wahrheit" und das "Kleine Briefbuch", enthält eine weitere für Oetenbach gesicherte Handschrift.[80] Nicht nachgewiesen, aber möglich wäre das "Compendium theologicae veritatis" des von den Oetenbacher Schwestern hoch geschätzten Dominikanerpriors Hugo Ripelin in deutscher Bearbeitung in der Oetenbacher Bibliothek. Neben zahllosen lateinischen Handschriften und später auch Druckausgaben sind nämlich mehrere deutsche Bearbeitungen in insgesamt 55 Textzeugen erhalten.[81] Ebenso wenig nachweisbar, aber wahrscheinlich werden die Johannespredigten der Konstanzer Dominikaner Heinrich und Hugo von Schaffhausen und wie wir vermuten dürfen, die von Marchwart Biberli verfassten Schriften, das Legendar und die Bibelübersetzung, in der Bibliothek der Oetenbacher Schwestern vorhanden gewesen sein.

Über die Schreibstube der Oetenbacher Dominikanerinnen ist etwas mehr bekannt. Ita von Hohenfels, nachmals Priorin, nahm, als sie ins Kloster eintrat, *drei Jungfrauen mit, von denen konnte eine schreiben und illuminieren, die andere malen... Also schrieben sie und andere Schwestern, dass von Illuminieren und Schreiben alle Jahre aus der Schreibstube ausgingen x Mark.*[82] Die Schwestern haben also gewerbsmässig gearbeitet. Dass die Schreibstube ein stattliches Ausmass hatte, geht aus einem Bericht in der Vita der Elsbeth von Beggenhoven hervor. Ihr Engel erschien ihr, an den sie Fragen richtete. Er *aber gebärdete sich unfreundlich und antwortete ihr nicht... und zog sie ihm nach, so weit wie die Schreibstube lang ist.*[83] Ob die Schwestern auch an der Herstellung der Manessischen Handschrift, die zu Beginn des 14. Jhs. in Zürich geschrieben wurde, beteiligt waren, wäre denkbar, ist aber nicht erwiesen. Das Abschreiben von Legenden hingegen dürfte gegeben sein. Legenden wurden als Tischlesung an den Heiligenfesten und für die private Lektüre gebraucht.[84] Im Kloster Oetenbach oder Töss wurde der nach Marianne Wallachs Vermutung von Marchwart Biberli übersetzte zweite Teil eines Prosalegendars, Prolog und 26 Heiligenlegenden, abgeschrieben.[85]

Die Dominikanerinnen waren an theologischen Fragen höchst interessiert. Sie schrieben in ihren Schwesternviten auf, was sie an besonders begabten, mystisch begnadeten Schwestern sahen und von ihnen hörten. In den Schwesternviten von Töss wird dies ausserordentlich häufig erwähnt, und immer wird betont, dass die Schwestern es aufschrieben. Schreiben und Lesen beschäftigt die Schwestern sehr. *Dass auch das Gedächtnis der seligen S. Elsbeten von Jesteten nicht vergessen werde, so schrieben wir ein wenig (auf), damit man erkennen mag, wie rein ihr Leben war.* Das Leben der S. Juzi Schulthasin war reich an Gnaden und Tugenden, *zu lang es zu schreiben... Die selige Schwester Elsbet von Ellikon kam ins Kloster...und sie sagte der Schwester, die dies schrieb... Sie war einmal gar krank; da fragte sie die Schwester, die dies alles von ihr schrieb, wie es ihr gehe... Viele deutsche Bücher hat sie (Mezzi von Klingenberg) angefertigt.*[86] Wie wichtig das Lesenkönnen für die Schwestern war, kommt auf das Liebenswürdigste zur Sprache in einem Bericht in den Schwesternviten von Diessenhofen. *Eine Schwester, die hiess Kathrin Brunnsin, als sie Novizin war, hatte sie einen gar harten Sinn zu lernen... Da bat sie Sankt Johannes Evangelist oft, dass er ihr darin zu Hilfe käme.* Und dann träumte sie eines Nachts, dass der heilige Johannes als Bischof zu ihnen ins Kloster kam. Während der Messe rief er sie zu sich nach vorne, nahm sie bei der Hand, stellte sie neben sich, tat das Messbuch auf bei der Sequenz *verbum dei deo natum* und forderte sie auf, das zu lesen. Sie konnte es. Anderntags lief sie zu ihrer Meisterin und berichtete voller Freude, sie könne lesen. Und sie konnte es beweisen.[87]

Die überlieferten Fassungen von theologisch anspruchsvollen Offenbarungen und Gnadenerlebnissen sind vermutlich mehrfach geschichtete Texte, wo auch fremdes Textmaterial (etwa Predigten) eingebunden wurde. Die so entstandenen Texte wiederum lieferten somit den Schwestern geistliche Literatur in deutscher Sprache, die sie nicht nur als Leserinnen rezipierten, sondern im Rahmen eigener Literaturproduktion weiterverarbeiteten.[88]

Die erste Hälfte des 14. Jhs. kann als eigentliche Blütezeit des Oetenbacher Konvents angesehen werden, in der eigene Werke produziert, Handschriften für den eigenen und fremden Gebrauch im Skriptorium geschrieben und illuminiert wurden. Gegen Ende des 14. Jhs., vor allem aber im 15. Jh. scheint das Interesse an einer Produktion von Literatur erlahmt zu sein.[89]

Was die Dominikanerinnen ferner lasen oder was ihnen vorgelesen wurde, waren Epistel und Evangelium des Tages, oft mit Auslegung auf Deutsch; Predigten, zweifellos auch die von Johannes Tauler; die Augustinusregel und die Konstitutionen, Admonitionen und Instruktionen vom Orden; Briefe[90]; Briefe, z.B. von Heinrich Seuse[91]. Ferner das Büchlein "Vitae Fratrum Ordinis Praedicatorum" von Gerhard Frachet[92]; Heiligenlegenden; Andachtsbücher; Seuses "Büchlein der ewigen Weisheit", sehr wahrscheinlich die Johannespredigten der Konstanzer Dominikaner Heinrich und Hugo von Schaffhausen, siehe oben in Kap. 7. Die Verehrung der beiden Johannes, des Täufers und des Evangelisten nämlich, war in den Dominikanerinnenklöstern sehr verbreitet. Ferner gab es die Väterlesungen, soweit sie auf Deutsch vorlagen.[93] Zum Letzteren das Zeugnis für Elsbeth Stagel in Töss: *Diese Bilder und die Lehre der alten Väter sandte der Diener* (Heinrich Seuse*) seiner geistlichen Tochter zum Lesen.*[94] Ein interessanter Hinweis zu Büchern im Besitz von Bewohnerinnen in Schwesternklöstern ist zu lesen über die Königin Agnes von Ungarn (1281-1364), die in ihrer aargauischen Klostergründung Königsfelden residierte. Von ihr wird berichtet: *sie hatte eine Bibel, die war zu deutsch gemacht*[95]. Wäre da zu spekulieren, es könnte oder müsste die von Marchwart Biberli gewesen sein?

Noch ein Wort zur Legende, zu deren Stellenwert für die Schwestern des 13./14. Jhs.

Das Legenden-Lesen bedeutete weit mehr, als eine unterhaltsame Lektüre zu haben. Legenden förderten vielmehr die ernste Führung des Ordenslebens, die Kontemplation, die Sehnsucht nach der Vereinigung mit Gott. Hierzu nun Marianne Wallach-Faller.[96] Die Autorin erörtert, ob Marchwart Biberlis Prolog zum Legendar mit Mystik im Zusammenhang stehen könnte, und ihr fiel die in den Legenden verwendete "mystische" Sprache auf. Das sei eigentlich ungewohnt, denn Hagiographie werde keineswegs mit Mystik in Zusammenhang gebracht. Nun zum Prolog. Er ist in drei Teile gegliedert. In jedem Teil werden die Leserinnen (oder Zuhörerinnen bei der Tischlesung) je einmal mit *lieben kint* direkt angesprochen, und jeder Teil gibt eine je andere Anleitung zu Beschäftigung mit den Heiligenleben des Legendars. Die Unterschiede beziehen sich auf die drei Stufen des mystischen Wegs. Der Prolog gebe also in mystagogischer Absicht Anweisungen an Ordensfrauen, wie sie die Heiligenleben des Legendars für ihr Leben fruchtbar machen können. Zur mystischen Sprache der Legenden als Beispiel ein kurzer Text aus der Martha-Legende. Die Heilige (wohl die biblische Martha von Bethanien) erlebt kurz vor ihrem Tod innerhalb einer längeren Offenbarung folgendes: *So kommt unser Herr JESUS CHRISTUS in einem gar wonniglichen Lichte, und er bot sich ihr minniglich und zärtlich und versicherte sie, dass sie nie von ihm geschieden werden sollte.* Diese Stelle aber fehle in den gedruckten lateinischen Texten. Zum Vergleich zitiert die Autorin aus der Vita – der hier bereits vorgestellten – Oetenbacher Nonne Ita von Hohenfels: *Wenn sie schlief, dass ihr dann unser Herr erschien in dem Schlaf und in dem Bild, als er ein Mensch war auf der Erden und er gab sich ihr denn als ein Gütiger in göttlicher Zartheit... Dieses mit ihr Bleiben, das Gott so mit ihr hatte, das war wie eine göttliche Zartheit und eine so minnigliche Güte... dass sie es nicht zu Wort bringen konnte.* Zum Schluss stellt M. Wallach-Faller eine Hypothese auf. Da das besprochene Legendar zeitlich früher als die Endredaktion der Schwesternviten von Oetenbach und Töss geschrieben, aber im selben Umfeld entstanden und in derselben mystagogischen Absicht geschrieben ist, habe das Legendar für diese beiden Viten sowie möglicherweise für andere Nonnenviten Modellcharakter, und zwar nicht nur in Bezug auf die Form und die verwendeten Motive, sondern auch in Bezug auf sprachliche Formulierungen und die mystagogische Intention.

Mit diesem kleinen Exkurs beende ich die Darstellung dessen, was die Dominikanerinnen von Oetenbach lasen und vorgelesen bekamen. Da aber, wie gesagt, die Bibliotheksverzeichnisse nicht überliefert sind, müssen die Angaben bruchstückhaft bleiben.

9. Die Bedeutung der Sprache in Liturgie und Meditation

Die gefeierte Liturgie stand im Mittelpunkt des klösterlichen Alltags der Dominikanerinnen. Sie bestimmte den Ablauf und weitgehend die Tätigkeiten der Chorschwestern. Chorgebet und Eucharistiefeier setzten sich fort im privaten Gebet, in der Betrachtung, im Studium, in der Unterweisung, im Lesen und Schreiben. Die Worte der Bibellesungen, die Psalmen, die Hymnen und Gebete, alles erfüllte Geist und Sinne der Schwestern. Das liest man auch in den Schwesternviten, diese nehmen unablässig Bezug auf den Gottesdienst.

Hier stellt sich nun die Frage, wie die Schwestern das von der Sprache her meisterten. Das gesamte Offizium, bestehend aus Psalmen, Cantica, Hymnen, Lesungen aus der Bibel und der klassischen Theologie, Responsorien und Orationen – all dies war auf Latein. Auch die Konventsmesse war lateinisch, ausser der Predigt. Die Schwestern mussten zweifellos den Wunsch haben, die Texte zu verstehen, sie wurden auch dazu angeregt. Sie sollen untertags die Lesungen des Offiziums und der Messe lesen. Es gab eine Reihe von Übersetzungen der Texte der Liturgie, vor allem der Psalmen. Darüber und über die Bildung der Schwestern findet sich ein Überblick bei Marie-Luise Ehrenschwendtner.[97]

Verstanden die Schwestern Latein? Es gab wohl in jedem Konvent einzelne Schwestern, für die das zutraf, die meisten jedoch beherrschten die Sprache nicht. In ihren Konstitutionen wird lediglich vorausgesetzt, dass die Schwestern lateinisch lesen und singen können, aber vom Unterricht in der Grammatik ist nicht die Rede. Es heisst nur, sie sollen soviel Latein lernen, dass sie verstehen, was in der Liturgie gelesen wird, damit sie mehr Andacht haben. Lateinunterricht können sie haben, müssen aber nicht. Für die Klöster der Teutonia galt eher das "müssen nicht".[98] Trotzdem verstanden die Schwestern Inhalte von Lesungen und Gebeten im Offizium, weil sie täglich damit umgingen und durch kundige Schwestern unterstützt wurden. Der Hauptgegenstand auch des Noviziatsunterrichtes war die Liturgie in all ihren Erscheinungsformen. So lernten die Schwestern früh, mit dem Latein umzugehen im oben beschriebenen Rahmen.[99] Bemerkenswert immerhin: Ein Dominikaner, vermutlich Johannes Nider, schreibt einer Schwester: *Dass ihr aber Latein nicht versteht, das schadet euch nicht zur ewigen Seligkeit, wiewohl es gar gut wäre, dass ihr es verstündet.*[100]

Sind nun die Dominikanerinnen des 13./14. Jahrhunderts *illiteratae*, das heisst Ungebildete, eigentlich Analphabeten, was man damals mit *idiota,* d.h. nur eine Sprache sprechend, bezeichnete? Herbert Grundmann wirft diese Frage auf in Litteratus-illiteratus.[101] Litterati sind Kleriker, die auf Lateinisch lesen und schreiben können. Als Illiteratus galt dann folgerichtig der Laie, der das Lateinische nicht versteht, aber durchaus Deutsch lesen und schreiben konnte. Da zeigt sich, dass die alten Unterschiede nicht mehr stimmten. Die Schranken zwischen lateinisch lesenden Klerikern und Laien, die in der Muttersprache lesen und schreiben, kommen ins Wanken. Der Zwang zum Latein für die Schriftsprache *ist jetzt entschieden breit durchbrochen und offen für eine allgemeine Schriftkultur auf Deutsch.* Deutlich wird das bereits im 13./14. Jh. vor allem in der *Seelsorgsprosa der grossen Dominikanermystiker*, die eine ausserordentliche Breitenwirkung enfaltet in Predigt-, Traktat-, Legenden-, Nonnenviten-Schrifttum sowie in viel Übersetzungsliteratur aus Liturgie, Theologie, Ordensregeln u.a.m.[102]

Die lebende Sprache wird also schrift- und buchfähig. Das war ein sehr langer Prozess. Begonnen hat ihn der Mönch Otfrid von Weissenburg mit seinem Evangelienbuch in deutscher Sprache, vollendet im Jahre 871 ! Max Wehrli hält fest: *Es gibt keinen grossartigeren Gründertext der deutschen Literaturgeschichte als Otfrids erstes Kapitel des ersten Buches.*[103] Darin schreibt Otfrid: *Warum der Autor dieses Buch auf Deutsch verfasste.* Eben genau deshalb, weil Deutsch schrift- und buchfähig ist genau so wie Latein, und damit der lesende ‚Laie' sich in der eigenen Sprache der Süsse der Evangelien widmen könne, ferner damit wir Christus loben können in unserer Zunge und auch danach leben. Und dann, trotz diesem verheissungsvollen Beginn, heisst Deutsch noch im 13. Jh. barbara lingua (barbarische Sprache), und man schreibe nur Deutsch für die ungelehrten Leute. Dieses Verdikt der deutschen Sprache gegenüber trifft diese besonders im theologisch-spirituellen Bereich. Der Volkssprache ist von Anfang an, katholischerseits bis ins 20. Jahrhundert, nie Würde und Kapazität zugesprochen worden, als Gefäss theologischer Inhalte zu dienen.

Der Ruf nach dem Verdolmetschen der Bibel und anderer religiöser Texte nun will mehr als blosses Umsetzen von einer Sprache in die andere. Dahinter steht vielmehr die Grundforderung, die frommen Worte zu leben und zu verwirklichen. Das kann nur geschehen, wenn das Gehörte verstanden, im Herzen mit sich getragen wird und zum eigenen lebendigen Besitz geworden ist. Es geht um das Delikateste, ums Wurzelschlagen der Frohbotschaft im Menschenherzen. Das Medium der Volkssprache ist vorausgesetzt, muss aber zur eigenen, zur persönlich geleisteten, zur Herzenssprache gewandelt werden. Dies wiederum setzt voraus, dass der Prediger und Seelsorger die lateinische Sprache beherrscht und den Inhalt behutsam in die Volkssprache überträgt mit dem ganzen tiefen Gehalt. Im 9. Jh. gab es in den Erlassen der Synoden – von Karl dem Grossen einberufen – solche Vorschriften, die eine Erneuerung im Studium der klassischen Sprache verlangen, wodurch eigentlich das Latein zur Dienerin an der Volkssprache wird.[104] Nicht wenige Prediger des 13./14. Jahrhunderts in Zürich haben sich offensichtlich darum bemüht, und die Schwestern dankten es ihnen. Dazu siehe auch Kapitel 6 und 7.

10. Mystik in Dominikanerinnenklöstern

Wie bereits erwähnt, wurde der Auftrag der Predigerbrüder zur Seelsorge bei den Schwestern von wesentlicher Bedeutung für das Phänomen der Deutschen Mystik, der Predigermystik. Die Berührung von gelehrter Theologie (der Brüder) und tiefer mystischer Frömmigkeit (der Schwestern und der Brüder) ist von nicht abzuschätzender Bedeutung für die Theologie- und Frömmigkeitsgeschichte und ebenso für die tiefe Freundschaft zwischen Brüdern und Schwestern im Predigerorden. Die Brüder fanden die Möglichkeit, die Tradition der mystischen Theologie wieder fruchtbar zu machen. Den Schwestern wurden so diese Schätze erschlossen, und sie empfingen darin die Bestätigung für das, was ihr spirituelles Leben seit langem bestimmt hatte. Der Mitteilungsfluss verlief ja nicht einseitig, nur von den Theologen her. Die Schwestern teilten den Brüdern ihre mystischen Erfahrungen mit, stellten Fragen, wollten Beratung und Führung. Diese durchaus ernst gemeinten Ansprüche forderten die Brüder heraus, jene Erfahrungen und Erkenntnisse in eine theologisch verantwortbare, klare Sprache zu übertragen. Desgleichen formulierten die Brüder auch ihre eigenen mystischen

Erfahrungen und Erkenntnisse. Erfahrung und Erkenntnis! Eine Definition für christliche Mystik lautet: "Erkenntnis Gottes aus der Erfahrung". Das spricht auch der Titel einer Studie von Beatrice Acklin "Gott im Denken berühren" aus.[105]

Dass Frauen theologisch dachten und sich untereinander austauschten, sah die offizielle Kirche gar nicht gern; schon vor dem Wirken Meister Eckharts ist sie eingeschritten gegen das selbständige theologische Denken unter Frauen. Die fratres docti ordinis praedicatorum (die gelehrten Brüder des Predigerordens) dachten zum Glück anders. Sie unterrichteten die Schwestern, damit diese zu unterscheiden verstanden. Hierzu ein Text von Meister Eckhart, eine Verteidigung aus dem Liber Benedictus: *Man wird sagen, dass man solche Lehren nicht für Ungelehrte sprechen und schreiben solle. Dazu sage ich: Soll man nicht ungelehrte Leute (be-)lehren, so wird niemals wer gelehrt, und so kann niemand (dann) lehren und schreiben. Denn darum belehrt man die Ungelehrten, dass sie aus Ungelehrten zu Gelehrten werden. Gäbe es nichts Neues, so würde nichts Altes. ‚Die gesund sind', sagt der Herr, ‚bedürfen der Arznei nicht' (Lk 5,31). Dazu ist der Arzt da, dass er die Kranken gesund mache. Ist aber jemand, der dieses Wort unrecht versteht, was kann der Mensch dafür, der dieses Wort, das recht ist, recht äussert? Sankt Johannes verkündet das heilige Evangelium allen Gläubigen und Ungläubigen, auf dass sie gläubig werden, und doch beginnt das Evangelium mit dem Höchsten, das ein Mensch über Gott hier auszusagen vermag; und oft sind dann auch seine sowie unseres Herrn Worte unrecht aufgefasst worden.*[106] Dass eine solche Kritik berechtigt war, bestätigt das Folgende: Wie bereits im Kapitel 8 erwähnt, habe die im Kloster Königsfelden residierende Königin Agnes von Ungarn eine Bibel in deutscher Sprache besessen. Den Zusatz, *sie habe sich jedoch einfältig am evangelischen Text gehalten,* deutet Max Wehrli als das *immerhin Ungewöhnliche eines solchen Besitzes noch um diese Zeit* (erste Hälfte des 14. Jhs.), *und tatsächlich war der unmittelbare Zugang des Laien zum biblischen Text von der Kirche nicht immer gern gesehen.*[107]

Bemerkenswert an der Begegnung der Brüder mit ihren Schwestern im Predigerorden ist ferner das Faktum, dass die Predigt zum eigentlichen Medium mystischer Lehre wird. Bisher waren es der Traktat, der Dialog, der Sendbrief. Jetzt aber erfordern die Situation und die Richtlinien der cura monialium (Seelsorge für die Ordensschwestern) die Predigt. Was die mystische Spiritualität dieser Predigten betrifft, so ergab sie sich nur, weil Vertreter einer mystisch-spekulativen Theologie Schwestern zu predigen hatten, die ihrerseits bereits mystische Erfahrungen und Erkenntnisse hatten[108]. Sicher dürfte sein, dass scholastisch-thomistisch orientierte Brüder, auch wenn sie spirituell hoch gestimmten Schwestern predigten, sich keineswegs der Sprache und der Bildwelt der Mystik bedienten. Solche Predigten gab es auch. Aber Geschichte machten die verhältnismässig wenigen mystischen Predigten. Bezeichnenderweise sind die meisten mystischen Predigten des 13./14. Jhs. aus Dominikanerinnenklöstern überliefert, und viele sind auch dort abgeschrieben worden.

Inwieweit Begegnung und Austausch unter den Brüdern und Schwestern des Predigerordens stattfanden, kann nur an einzelnen bezeugten Orten und Personen festgemacht werden.

Dass Meister Eckhart (um1260-1327) tatsächlich im Zürcher Dominikanerinnenkloster Oetenbach war, bezeugen die Schwesternviten. Innerhalb der Vita der Elsbeth von Oye wird von Sr. Elsbeth von Beggenhofen erzählt.[109] Diese hatte ein schweres Leiden, *verborgen und wunderlich, das sie nicht in Worte fassen konnte. Es konnte ihr auch kein Beichtiger helfen. Und dann, einmal, klagte sie es Meister Eckhart. Der sprach: da gehört keine zeitliche Weisheit dazu, es ist ein lauteres Gotteswerk, da hilft nichts, als dass man sich in einer freien Gelassenheit Gottes Treuen anbefehle. Und sie empfand, dass es so war.* Da heisst es nun einfach: sie klagte es einmal Meister Eckhart, als ob es selbstverständlich und mehr als einmal möglich war, dass der berühmte und geliebte Meister in Oetenbach verkehrte und für die einzelne Schwester zur Verfügung stand. Im Schwesternbuch von Katharinental in Diessenhofen steht: Meister Eckhart war einmal bei uns. Sr. Anna von Ramswag wird hierauf erwähnt, wohl eine unter andern, die ein Gespräch mit dem Meister hatte.[110]

Im Dominikanerinnenkloster Töss wirkte Heinrich Seuse (1295-1366) vom Konstanzer Predigerkloster aus regelmässig als Prediger und Seelsorger. Eine besonders tiefe Beziehung verband ihn mit der Schwester Elsbeth Stagel (ca.1300-1360). Sie stammte aus Zürich und gilt als die erste Zürcher Schriftstellerin. Was hier besonders auffällt, ist, dass ihr beider Leben in einer einzigen Biografie, in der Vita Seuses, aufgezeichnet, und dass diese Aufzeichnung ihr beider Werk ist. Heinrich Seuse ist einer der drei grossen Gestalten der Predigermystik, und Elsbeth Stagel als seine Schülerin eine der namentlich überlieferten Mystikerinnen des Ordens. Seuse bezeugt ihr heiliges Leben: *Sie hatte einen viel heiligen Wandel von aussen und ein engelisches Gemüt von innen... All ihr Fleiss war ausgerichtet nach geistlicher Lehre, mit der sie gewiesen werden wollte zu einem seligen, vollkommenen Leben, darnach all ihre Begierde rang. Sie schrieb auf, was ihr lieblich war, damit sie und andere Menschen gefördert würden zu göttlichen Tugenden. Sie tat (es) wie ein gewirbiges Bienlein, das den süssen Honig aus den mannigfaltigen Blumen heimträgt.* Er berichtet auch, wie Elsbeth *heimlich aus ihm herauszog, auf welche Weise sein Durchbruch zu Gott geschah. Und sie schrieb es nieder.*[111] Die beiden schrieben einander Briefe. Da sie zu wenig oft mündlich verkehren konnten, schrieb Elsbeth ihre Lebensbeichte auf eine Wachstafel und schickte ihm diese gut verschlossen zu. Als sie ernstlich krank wurde, *mit langwierigen Siechtagen... bis zu ihrem Tod,* schrieb ihr Seuse: *Gott hat damit nicht nur dich getroffen, er hat damit auch mich geschädigt, weil ich niemand mehr habe, der mir mit solchem Fleiss... hilft, meine Büchlein zu erstellen, als du es tatest, als du gesund warst.* Hierauf habe er Gott gebeten, sie gesund zu machen, und da ihn Gott nicht sofort erhörte, da *zürnte er mit Gott eines freundlichen Zürnens und meinte, er wolle nun vom lieben Gott keine Büchlein mehr machen.*[112]

Elsbeth Stagel war ferner auch massgeblich beteiligt an den Tösser Schwesternviten.

Ausser der Zürcherin Elsbeth Stagel als mystische Schriftstellerin sind weitere namentlich überlieferte Dominikanerinnen zu nennen, zunächst Elsbeth von Oye um 1289-1339 aus dem Zürcher Kloster Oetenbach, wahrscheinlich aus einer Berner Patrizierfamilie stammend.[113] Ihr Werk "Püchlein des lebens und der offenbarung swester Elsbethen von Oye" wurde in den Schwesternviten von Oetenbach herausgegeben. Das eigenhändig von der Autorin geschriebene Büchlein enthält 36 Kapitel. Schwerpunkte sind das Mit-Leiden der Passion Jesu Christi, ferner die ledige Abgeschiedenheit, was Kenntnis von Meister Eckharts Lehre bezeugt. Der Zürcher Predigerbruder aus dem 15. Jh., Johannes Meyer, berichtet, ein grosses Vertrauensverhältnis habe Meister Eckhart mit Elsbeth verbunden. *Dieser Codex ist ein wichtiges Dokument für die Bildung und Schreibtätigkeit dieses Konventes in der ersten Hälfte des 14. Jhs. Er stellt das Handexemplar einer mittelalterlichen Autorin dar, das alle Phasen der Abfassung eines Textes enthält, vom flüchtig hingeworfenen ersten Entwurf, dem mehrfach korrigierten und redigierten Text bis zur ebenfalls eigenhändigen Abschrift.* [114] Die Rezeption von Elsbeths Büchlein war enorm und hatte eine bemerkenswert lange Nachwirkung.[115]

Wolfram Schneider-Lastin verweist auf Adelheid von Freiburg (um 1275-1325). Ihre Vita im Oetenbacher Schwesternbuch stelle einen aussergewöhnlichen Fall spätmittelalterlicher Klosterliteratur dar. Sie zeige die Wichtigkeit, theologische Aussagen als spirituelle, gnadenhafte Erfahrungen einer Schwester nachzuweisen. Ob Adelheid selber Aufzeichnungen gemacht hat, ist nicht nachweisbar, aber durchaus möglich.[116] Die Zürcherin Elsbeth von Beggenhofen um 1267-1340 lebte ebenfalls im Kloster Oetenbach; sie wurde hier schon mehrmals erwähnt. Sie war aus begüterter Familie, sicher auch gebildet, sie hatte Ämter inne, u.a. war sie Subpriorin. Sie verkehrte mit Meister Eckhart und mit dem Prior Johannes von Zürich. Eigene Aufzeichnungen sind nicht überliefert, wären aber durchaus möglich, wohl ähnlich wie bei Adelheit. Sie erhielt eine lange Vita, die vermutlich bald nach ihrem Tod 1340 geschrieben wurde.

11. Mystik gründet auf der Bibel

Das geistliche Leben der Ordensleute und in unsern Rahmen nun der Zürcher, Tösser und Diessenhofener Dominikanerinnen der 13. und 14. Jahrhunderte in ihrer Blüte der Deutschen Mystik ist undenkbar ohne den täglichen Umgang mit der Bibel. Die stärkste Prägung empfangen sie in der Liturgie. Das Chorgebet besteht, abgesehen von den Hymnen und Orationen, ausschliesslich aus dem Bibelwort. Mehrmals jeden Tag singen sie die Psalmen, hören Lesungen aus dem Alten und Neuen Testament, Letzteres natürlich auch in der

Eucharistiefeier. Es überrascht daher nicht, dass die Bibelworte in den Schwesternviten meistens im Zusammenhang mit der gefeierten Liturgie auftreten. Überraschen kann es aber wohl, da die Gottesdienste damals ja vorwiegend in lateinischer Sprache gehalten wurden. Aber etwas an Latein für die Liturgie haben die Schwestern gelernt (mit wieviel Fleiss, lesen wir in der Vita der seligen Sr. Anna von Klingenow: *Andächtiges und emsiges Gebet, Lesen und Latein lernen... darum kümmerte sie sich fleissig... Und begierlich, von Gott zu reden, so dass sie manchmal im Winter in den Baumgarten ging, und sass da so lang und redete mit etlicher Schwester, so dass, als sie aufstehen wollten, ihnen das Gewand angefroren war.*[117] Ausserdem wurde den Schwestern über viele Abschnitte aus der Bibel auf Deutsch gepredigt. Auch für die Unterweisung, die sie ausserhalb der Gottesdienste von ihren Mitbrüdern hatten, war die Grundlage zweifellos die Bibel. In all den in den Schwesternviten zitierten Bibelstellen ist am stärksten die Passion Jesu vertreten. Die Schwestern müssen viel und intensiv Jesu Leiden und Sterben, aber auch seine Auferstehung betrachtet haben. Als Beispiel Elsbeth von Oye: *Ich bin einmal von der Sext bis zur Non und von der Non bis zur Vesper in der Betrachtung gestanden, und es war mir gar oft, als ob ich in einen lautern Spiegel blickte, während ich das Leiden unseres Herrn betrachtete, und das kommt davon, dass Gott es lang in mir geübt hatte.*[118]

Andere Beispiele: *Elsbet Schefflin... dass sie mit mannigfaltigen, grossen Leiden gepeinigt ward, und doch so, dass es an der Seele nicht rührte, auf gleiche Weise, wie wir lesen vom seligen Hiob... Sr. Mezzi Sidwibrin...war sehr begierig, Gottes Wort zu hören. Sr. Jützi Schulthasin... erkannte auch klar, wie das ewige Wort Fleisch geworden war in der Magd Leib. Sie erkannte auch klar, in welcher Liebe er das tat, und wie gross die Seligkeit und das Heil des Menschen war durch seine Geburt. Und sie schaute, wie wir seine Glieder geworden sind und an ihn gefügt und geheftet sind wie die Äste an den Baum.*[119]

Dass die Bibel die Grundlage für das mystische Schrifttum der Predigermystik ist, liegt auf der Hand. Die drei grossen deutschen Mystiker Meister Eckhart, Heinrich Seuse, Johannes Tauler, die als Seelsorger bei den Dominikanerinnen nachgewiesen sind, wirkten dort in erster Linie als Prediger. Die Predigt, da sie ja ihren Ort vorzüglich innerhalb des Gottesdienstes hat, geht selbstredend immer vom Wort der Heiligen Schrift aus. Das Wort der Bibel, vom Predigerbruder vor der Predigt intensiv betrachtet, kommt in der Sprache des Predigers zu den Hörerinnen. Die Devise des Ordens der Prediger lautet: Contemplari et contemplata aliis tradere (betrachten und das Betrachtete andern weitergeben). Kontempliert wird zweifellos das Wort der Schrift, damit es kontempliert an die anderen weitergegeben werden kann. Am deutlichsten sichtbar ist es bei Johannes Tauler, von dem nichts anderes als Predigten überliefert sind, Predigten immer über einen Abschnitt aus dem Neuen Testament, die er vorwiegend bei seinen Schwestern, allerdings nicht in Zürich, sondern in Strassburg, gehalten hat. Meister Eckharts Mystik äussert sich immer im Predigen. Seine Mystik wie auch seine Theologie sind nicht für die Universität bestimmt; ihr Zweck sind nicht für Laien unzugängliche Bücher, sondern die Predigt bei den Leuten. Die überlieferten und gewöhnlich von ihm reportierten Predigten haben immer einen Bibelabschnitt, meistens aus den Evangelien, als Grundlage. Etwas anders ist es bei den einzigartigen "Reden der Unterweisung". Er hielt sie als Prior für seine jungen Mitbrüder in Erfurt (1294-98). Es ist eine Lebenslehre, nicht nur für Ordensleute, sondern für Christen schlechthin. Die Grundlage ist die Nachfolge Christi, das Erkennen und Tun des Willens Gottes, und immer wieder werden Schriftworte aus dem Neuen Testament beigezogen. Vor allem aber überrascht Eckharts Sprachgebrauch. Er, der soeben von der Universität aus Paris kommt, wo er selbstverständlich auf Lateinisch gelehrt hat, der vor Dominikanern steht, die alle Lateinisch können (müssen), er lehrt sie auf Deutsch.[120] Nicht das Publikum nötigt ihn, sondern er selber als Sprechender muss in der Sprache sprechen, die das 'geworten' von innen her ermöglicht. Er spricht als Prior, als Mitbruder, nicht als Professor. So ist in seinem Reden immer auch der deutsche Wortlaut der Bibelzitate hörbar, das, was für die "ungelehrten" Schwestern von solch grosser Bedeutung ist und zu denen Eckhart ja auch in Zürich gesprochen hat. Von Heinrich Seuse sind wenige Predigten überliefert, aber sein Hauptwerk, "Das Büchlein der ewigen Weisheit", im Besitz u.a. der Oetenbacher Dominikanerinnen, dieses Buch, berühmt und in unzähligen Handschriften und Drucken weiterlebend, geht von den Weisheitsbüchern (Sprüche, Prediger, Hoheslied, Ijob, Weisheit Salomos, Jesus Sirach) und vom Jesus der Evangelien aus. Und alle diese wertvollen Schriften der Predigermystik sind also unmittelbar in deutscher Sprache geschrieben, nicht nachträglich aus dem Lateinischen übersetzt. Darum ja der Name "Deutsche Mystik".

Aus all dem Gesagten erkennen wir, wie unendlich kostbar es für die Schwestern sein musste, eine vollständige Bibel in deutscher Sprache zu besitzen.

Marchwart Biberlis grösstes Verdienst ist es, – wie wir vermuten, mehr noch als der Verfasser der *ersten* Zürcherbibel zu sein – seinen Schwestern im Orden und andern frommen Zürchern eine Bibel in ihrer Muttersprache geschenkt zu haben.

PROLOGUS

gangen sint vnd von irtum balaames
lon ergossent. Vnd in der wid'rede chore
sint verdorben. Dise sint in iren essen flecke
trinckende an forchte sich selben fürende
wolken ane wasser die von dem winde
werden vmb getriben / vn sint vnfruchtbe-
re boume zwirent tode vß ge-
zeret von d' wurtzel vn sint schumende
von d' vnden des grymen meres ir gesch-
enden vnd sint ein irregendes gestirnen
den die vinster d' vinsternissen ist behalten
ewecklich. Aber enoch von disen der sibende
von adam enoch wissagete sprechende
Nement war der herr kumet in sinen hei-
ligen tusent gerichte tuon wider alle
vnd bestraffen alle vnmilten von alle wer-
ken ir vnmiltekeit mit den sie vnmilteclich
haut geworben / vn von allen herten die
die vnmilten sünder geredent haut wi-
der got. Dise sint die klagenden murmeler
die nach ir gelüsten gent. Vnd ir mun
redet hoffart sie lobent die personen
dz gewinnes willen. Aber ir gemyn-
neten gedenckent der vor gesetten wor-
ten von den zwelffboten vnsers herren ihū
xpi / die gesagt haut vns dz in dem jung-
sten ziten / werdent komende triegen die
nach iren begirden gent nit in milte-
keit. Dis sind die sich selber vß scheident
sind viehlich vnd enhant nit geistes. Ab-
er gemynneteschen vff buwende vch sel-
ber vff den heiligesten glouben in dem hei-
ligen geist bettende behaltent vch selber
in gottes liebi / beitende die barmhertzi-
keit vnsers herren ihū xpi yn das ewig
leben / vnd dise söllent ir straffen geurtei-
let. Aber ihne sullent ir behalten vß de
füre zuckende / vnd d' andn sullent ir
vch erbarmen in gotes forchte vnd has-
sent ouch den befleckten rock der da flei-
schlich ist. Ab' nue der gewaltig ist vch
behalten ane sünde / vnd vch setzen vor
die anschowunge siner gotlichen glori
lein vnbeflecket in fröiden in die zu-
kunft vnsers herren ihū xpi / dem einige
got vnserm behalter durch ihūm xpm
vnsern herren Dem sie lobe vnd groß wir-
dekeit vnd gewalt vnd macht vor al-
le ewikeit vnd nu vnd in alle ewikeit
Amen.

Hie vahet an der erste prologus vber
dz buch sand johans apocalipsis die
vorrede schriber sand ieronimus.

Alle die in xpo wellent miltenclichen leb-
als d' zwelffbott schribet die müssent
durchechtunge liden nach disem worte.
Sun so du wilt zu gen zu gottes dienst
so stan in gerechtikeit vnd in forchte vn
berait din sele zu der bekorunge od zu
anfechtunge oder wann die bekorunge
od' anfechtunge ist des menschen le-
ben vff dem ertrich Do aber die glou-
bigen nit gebresten an disen dingen
so tröstet sie d' herr vnd sterkert sie sprech-
ende. Ich bin mit üch bis zu endunge
d' welt / vnd söllent üch nit fürchten
ir cleine herte darumb got der vater
schende die kestigunge die lidende w-
die cristenheit die von zwelffboten ge-
fundieret ist vff den xpm vff dz die be-
trübde oder die kestigunge myne w-
dent geschlachter so ist er ze rate wor-
den oder hat geordenot sament mit
dem sune / vnd mit dem heiligen geiste
ze offenbarende die kestigunge. Aber
alle demütikeit hat geoffenbaret xpo
nach d' menscheit. Die xpus hat ge-
offennbaret sante johansen durch den
engel. Aber sand johans der cristenheit
von dirre offenbarunge machte er dis
buch / vnd davon heisset ouch dis buch
appocalipsis dz ist die offenbarunge
die an dem buch stet. Die der herr offen-
barte sant johansen vnd sant johans
der cristenheit wie vil die cristenheit
geliten hat in d' ersten zit / vnd wie
vil sie in den jungsten ziten des ende
cristes lidende wirt so als vil kestigu-
ge wirt dz ob es mochte beschehen
durch die vßerwelten bewegt wur-

Die Handschriften

Für die erstmalige teilweise Ausgabe und Übersetzung der ältesten vollständig erhaltenen Bibel in deutscher Sprache wurde eine Handschrift in zwei Bänden ausgewählt, die in Wien aufbewahrt wird.

Im Verzeichnis der altdeutschen Handschriften der österreichischen Nationalbibliothek[121] wird sie wie folgt beschrieben:

Codex 2769. Genesis bis Ecclesiasticus. Basel 1464, eine Hand. Verbesserungen von der Hand des Schreibers. Pergament, 331 Blätter, 395 mal 285 mm.

Codex 2770. Fortsetzung von 2769. Isaias bis Apocalypsis. Basel 1464, gleiche Schrift, gleiche Hand wie 2769. Pergament, 263 Blätter, 390 mal 280 mm.

Den ersten Teil der Bibel hat der Schreiber "volendet vmb liechtmesz Tusent Vierhundert Sechtzig vnd vier", also am 2. Februar 1464.

Der zweite Band ist vom gleichen "Liechtensternn von München die zit Student zú Basel vs geschriben worden An sand Jacobs abent Im Tusenden vierhunddert Sechtzig vnd Vier Iaren", also nur knappe sechs Monate später, am 24. Juli 1464.

Vor Wien befanden sich die beiden Bände in der Bibliothek auf Schloss Ambras bei Innsbruck. Wie sie nach dem Tod des Basler Eigentümers dorthin gelangten, bzw. verkauft wurden, wissen wir nicht. In Wien wurden sie 1736 in weisses Pergament der Hofbibliothek neu eingebunden.

Wie der Schreiber gibt sich auch der Basler Auftraggeber in beiden Büchern zu erkennen. Auf Blatt 1r von Cod. 2769 sehen wir ein knalliges, ganzseitiges Wappen: Roter Eber auf Goldgrund. Unten Spruchband mit Goldbuchstaben: In dem iar als man zalt M°.CCCC°.vnd Lxiiij°. hat Mattis Eberler diß bybly lassen machen. Des sell ruowe in tem frieden gocz. Das gleiche Wappen, in gleicher protziger Ausführung leitet auch den zweiten Band ein.

Was hat Eberler dazu gebracht, 1464 eine deutsche Bibel in teuerster Ausführung auf 594 makellose Pergamentblätter abschreiben und illuminieren zu lassen? Und warum hat sich Liechtenstern aus München ausgerechnet Basel als Studienort ausgesucht? Basel war während und nach den turbulenten, impulsiven Konzilsjahren von 1431-1449 in allen Bereichen eine bewegte, aufstrebende Stadt mit viel Geld und Geist. Berühmte Künstler und Gelehrte gaben hier den Ton an. Und kenntnisreiche Handwerker waren vor Ort. Man war offen für Innovationen. Schon in den 60er Jahren beginnt der Buchdruck Fuss zu fassen, samt einer beachtlichen Papierproduktion, die schon seit den 30er Jahren am Laufen war.

Als Liechtenstern 1463 in Basel eintraf, war die älteste, von Papst Pius II. gestiftete Universität der Schweiz gerade drei Jahre alt. Sie war im süddeutschen Raum und darüber hinaus der aktuellste und attraktivste Studienort. Wie in Zürich, rund 150 Jahre früher, nehmen wir in Basel um die Mitte des 15. Jahrhunderts einen allgemeinen kulturellen und geistigen Aufschwung wahr, der die sorgfältige Pflege und Ausbreitung der ganzen Bibel in der Muttersprache begünstigte.

Und wie verhält es sich mit Mathis Eberler? Näheres über die Eberler, ein jüdisches Geschlecht aus Colmar, erfahren wir in einem Aufsatz des Historikers August Burckhardt.[122] 1393 wurde ein Mathis Eberler als Christ ins Basler Bürgerrecht aufgenommen. Doch der Mathis Eberler, der uns interessiert, lebte von etwa 1440-1502. Er fungierte in wichtigen Ämtern, z.B. als Ratsherr, Meister der Schlüsselzunft, Herr zu Hiltalingen, heute Haltingen bei Weil am Rhein. Laut Steuerregister von 1475 versteuerte er 7100 Gulden und war damit einer der reichsten Einwohner der Stadt. Zu seinen Immobilien gehörte ab 1477 auch der Engelhof, in welchem heute nicht bloss eine Schreibstube, sondern das ganze Deutsche Seminar der Universität Basel samt Bibliothek untergebracht ist. In der nahen Peterskirche stiftete Mathis die Grabkapelle der Eberler. Sie diente letztlich demselben Zweck wie die Stiftung der deutschen Bibel. Eberler wollte offensichtlich damit seine gesellschaftliche und wirtschaftliche Stellung festigen und sichern, u.a. auch als einer der Hauptgläubiger des Bischofs. Dieser schuldete ihm 1462 noch 1400 Gulden.

Eine Verbesserung seines Images hatte Mathis Eberler aus verschiedenen Gründen bitter nötig. Sein liederlicher Lebenswandel und sein brutaler Umgang mit Prozessgegnern waren aktenkundig.[123] Mathis Eberler starb 1502, nachdem er 1501 eine zweite Ehe mit nochmals einer reichen Frau von Stand, Margaretha von Geroldseck, eingegangen war. Auch diese Ehe blieb kinderlos. Dennoch hinterliess Eberler fünf natürliche Söhne und eine natürliche Tochter. Alle hat er gut versorgt.

Die Schreibarbeit für Mathis Eberler dürfte Johann Liechtenstern in einem privaten Scriptorium verrichtet haben, in einem der Häuser des Auftraggebers, wo ihm luxuriös alles zur Verfügung gestellt wurde, was er für seine Arbeit wünschte und brauchte.

Den Miniaturen der Prachtbibel widmete der Zürcher Kunsthistoriker Konrad Escher (1882-1944) eine Studie, die 1923 in Wien erschienen ist.[124] Allerdings dürfte der Intention Marchwart Biberlis die Abschrift seiner Bibelübersetzung in einem der bescheideneren Frauenklöster in Kleinbasel, wie sie Albert Bruckner in Scriptoria Medii Aevi Helvetica, Denkmäler schweizerischer Schreibkunst im Mittelalter, Band 10, 1964, beschrieben hat, weit mehr entsprochen haben.

Bei der Transkription aus der Eberler-Bibel war ein Seitenblick auf die fünf Bände der deutschen Handschrift Cod. Pal. germ. 19-23 der Bibliotheca Palatina in Heidelberg hilfreich. Diese ebenfalls mit prächtigen Illustrationen versehene Bibelhandschrift aus den Jahren 1441-1449 stammt aus der Werkstatt Diebold Laubers in Hagenau, 25 km nördlich von Strassburg. Sie sind zwar etwas älter, aber geographisch und vor allem wegen des darin verwendeten Niederalemannischen sprachlich weiter von Zürich entfernt. Auch hinsichtlich der Treue in der Übersetzung der Vulgata, die Biberli benutzte, schneidet die Eberler-Bibel besser ab.

In die Transkription dieser vorliegenden Ausgabe wurden zwei nur zur Hälfte erhaltene Abschriften derselben deutschen Bibelübersetzung nicht einbezogen. Es sind dies der in der Zentralbibliothek Zürich aufbewahrte Band 2 einer Bibel mit den Propheten und dem Neuen Testament, abgeschrieben 1472 im elsässischen Rappoldstein, heute Ribeaupierre, sowie ein Teilband in der Herzogin Anna Amalia Bibliothek in Weimar. Zu diesen beiden Abschriften der Bibel teilt die Einleitung I. 3. Näheres mit.

Die durch die Initiative des Predigerordens in Zürich um 1300 beginnende Ausbreitung der deutschen Bibel im hoch- und niederalemannischen Sprachgebiet bezeugt, wie geschätzt und erwünscht im 14. und 15. Jahrhundert diese Bibel in der alemannischen Muttersprache war und wie diesem Wunsch bis zum Ende des 15. Jahrhunderts durch mehrere bis heute erhaltene Abschriften entsprochen worden ist.

Gen 1,23-2,22 und 2,23-4,5

W: 2769, 5 ra - 5 vb
[H: 19, 14 rb - 16 vb]

vnd es ward abent vnd morgen der fünffte tage. //
Vnd got sprach das ertrich gebere lebenlich selen/ in Ir geslechte gehornete vnd kriechende/ vnd die tier des ertrieches/ nach Ir geschopfede vnd gschach also/ vnd machte got die tier des ertriches/ nach Ir glichnis die gehornen vnd alle kriechende nach Irem geslechte/ vnd got sahe das es guot was vnd sprach machen wir einen menschen zuo vnserm bilde vnd zuo vnnserm glichnis/ vnd er sige veber die visch des meres vnd vber das geflügel des himeles/ vnd vber die tier alles ertriches vnd alles kriechende/ das vff dem ertriche beweget wirt/ Vnd got geschuoffe den menschen ze sinen bilde zuo gotes bild schuoff er in man vnd wip geschuff er si/ er gesegente si vnd sprach wachsent vnd werden gemanifaltiget/ vnd erfullent das ertrich/ vnd machent es vnderthan/ vnd herschent den vischen des meres/ vnd den gefugele des himels/ vnd allen den das da lebet vnd beweget wirt vff dem ertrich/ Vnd got sprach nym war ich han uch geben igliches crut bringendes sinen samen/ vff das ertrich/ vnd igliches holtz bringendes in Im selber samen sines geslechtes/ das si sin üwer spise vnd allen den/ [H: allem dem] das da lebet vff dem ertriche vnd allen vogelin des himels vnd allen den [H: allem dem] das da beweget wirt vff dem ertrich vnd in dem ein lebende sele ist/ das si haben ze essen/ vnd es was also/ vnd got sahe alle die er geschaffen hette vnd si warend gar guot/ vnd es ward abend vnd morgen der sechste tag.

Gen 1,23-4,5

23 Und es ward Abend und Morgen, der fünfte Tag. 24 Und
Gott sprach: Das Erdreich gebäre lebende Seelen nach ihrem
Geschlechte, Gehörnte und Kriechende und die Tiere des
Erdreichs nach ihrem Geschaffensein. Und es geschah also.
25 Und Gott machte die Tiere des Erdreichs nach ihrer
Gleichheit, die Gehörnten und alle Kriechende nach ihrem
Geschlechte. Und Gott sah, dass es gut war, 26 und sprach:
Machen wir einen Menschen zu unserem Bild und zu unserer
Gleichheit. Und er habe Gewalt über die Fische des Meeres
und über das Geflügel des Himmels und über die Tiere allen
Erdreichs und alles Kriechende, das auf dem Erdreich bewegt
wird. 27 Und Gott schuf den Menschen zu seinem Bilde, zu
Gottes Bild schuf er ihn, Mann und Weib schuf er sie. 28 Er
segnete sie und sprach: Wachset und werdet gemanigfaltigt
und erfüllet das Erdreich und machet es euch untertan und
herrschet über die Fische des Meeres und das Geflügel des
Himmels und allem dem, was da lebt und bewegt wird auf
dem Erdreich. 29 Und Gott sprach:
Nimm wahr, ich habe euch gegeben jegliches seinen Samen
bringende Kraut auf dem Erdreich und jegliches Holz brin-
gend in ihm selber Samen seines Geschlechtes hat. Das sei
eure Speise 30 und allem dem, was da lebt auf dem Erdreich
und allen Vöglein des Himmels und allem dem, was da
bewegt wird auf dem Erdreich und in dem eine lebende Seele
ist, dass sie zu essen haben. 31 Und es war also, und Gott sah
alle, die er geschaffen hatte und sie waren gar gut. Und es
ward Abend und Morgen, der sechste Tag.

❊Das ander Cappitel❊

HArumb sind die himele vnd die erde volbracht vnd alle ire gezirde/ vnd got erfullete alles sine wercke/ das er gemachet hette vnd ruwete an dem sibenden tag von allem dem wercke das er gemachet hette/

vnd er gesegenten den sibenden tag vnd machte in heilig/ wann er des tages [a. R. vff] vffgehört hette von allem dem wercke das er geschaffen hette das er es machete.

Dyß sind die geslech // te himeles vnd erden/ da si geschaffen sind an dem tage/ da got himel vnd erden geschuoff vnd alles gehürste des gevildes/ Ee [antequam]/ das es uff gienge in der erden/ vnd iglich crut des küngriches ee [priusquam]/ das es gebere/ wann got gabe nit regen vff das ertrich/ vnd was kein mensch das daz ertrich bvete [korr. für *vbete*.]/ sunder (**5 rb**) ein brun gieng vff von dem ertriche vnd machte alles das antlutz des ertriches füechte/ vnd darumb geschuoff got der herr den menschen von leymen des ertriches vnd blies in sin antlütz den aten des lebendes [H 14 vb: vnd bließ in sin antlit des erterichs füechte den othem des lebendes] vnd der mensch ist gemachet/ in ein lebende selen/ Aber unnser herr pflantzete das paradiß der wolluste von angenge dar Inn er den menschen saste den er geschaffen hette/ vnd got der herr beschuoff von dem ertrich alles holtz lustlich ze sehende vnd süsse ze essende/ vnd das holtz des lebendes mitten in dem paradiso/ vnd das holtz der künste ze wissende guot vnd vbel/ vnd ein wasser floß von der stat/ der wolluste das es fuchte machte das paradiß/ vnd teilte sich da in vier houbter Eins heisset phison/ vnd ist das/ das da vmb gat die gegen enilat/ [H: 15 ra: das do vmbe alle die gegen gat eni lach] das da das golt wachset/ vnd des landes golt ist das beste/ vnd da vindet man bdellium [H: bedellium]/ die gimme/

2,1 Also sind die Himmel und die Erde vollbracht und all
ihre Zierde. 2 Und Gott erfüllte alle seine Werke, die er ge-
macht hatte und ruhte an dem siebten Tag von all dem Wer-
ke, das er gemacht hatte.
3 Und er segnete den siebten Tag und machte ihn heilig, weil
er an diesem Tag aufgehört hatte mit dem Werk, das er ge-
schaffen hatte, um es zu machen.
4 Das sind die Geschlechter des Himmels und der Erde, die
da geschaffen sind an dem Tage, da Gott Himmel und Erde
schuf und alles Gesträuch des Feldes, ehe es aufging in der
Erde, und jegliches Kraut der Landschaft, ehe es sich zeigte,
denn Gott gab noch keinen Regen auf das Erdreich, und es
war kein Mensch da, der das Erdreich bebaute, 6 sondern ein
Brunnen ging auf aus dem Erdreich und machte die ganze
Oberfläche [Antlitz] des Erdreichs feucht. 7 Und danach
schuf Gott der Herr den Menschen aus Lehm des Erdreichs
und blies in sein Antlitz den Atem des Lebens, und der
Mensch ist gemacht zu einer lebenden Seele. 8 Aber unser
Herr pflanzte von Anfang an das Paradies der Lust, darin er
den Menschen setzte, den er geschaffen hatte. 9 Und Gott der
Herr beschuf aus dem Erdreich alles Holz, lustvoll zu sehen
und süss zu essen, und das Holz des Lebens mitten im Pa-
radies, und das Holz der Kunst zu wissen, was gut und was
übel ist. 10 Und ein Wasser floss von dem Ort der Lust,
damit es das Paradies feucht machte. Und es teilte sich da in
vier Hauptwasser. 11 Eines heisst Phison, es ist das, das die
Gegend Enilat umfliesst, da das Gold wächst, 12 und des
Landes Gold ist das beste, und da findet man Bedellium, die
Gemme,

vnd den stein Onichinum// Des andern wassers name heisset/ Gyon [H: 15 ra: gigon]/ vnd ist das wasser/ das vmb alles moren land gat // Des dritten wassers nam heisset tygris und flusset gegen den lüten Assirios // Aber das vierde wasser heysset Eufrates //

Darumb name vnser herr got den menschen vnd saste in in das paradiß der wolluste das er würckete vnd sin huot/ vnd gebot im sprechende Is von allem holtz in dem paradiß aber du solt nit essen des holtzes der wissende guotes vnd vbels Wann weles tages du des holzest issest/ so stirbest du todtes Vnd got vnnser herr sprach Es ist nit guot den menschen einig wesen/ [a. R. lassend vns] machen [H: machen wir Im] Im einen helffer der Im glich sige Vnd darumb da got geschuoff alle lebende ding von dem ertriche vnd alles gefuogele des himels/ da fürte er si fur adam das er si sehe wie er si nemen wollte/ wann alles das daz einer lebenden sele was/ als das adam hieß das was sin namme [H: 15 rb: Wenne alles das einer lebenden selen was als das adam das was sin namme] Vnd adam nemmet alle lebende ding mit Ir namen alles gefuogel des himels/ vnd alle tier des ertrichs Sunder man vand nit einen gehelffen der adam glich wer/ vnd got der herr sant slaff in adam/ vnd da er entslaffen was/ da nam er siner rippen eins vnd machte fleisch an des rippen stat/ vnd got der herr machte das rippe das er von adam nam ze einem wibe/ vnd fürte si für adam/ vnd adam sprache diß bein ist von mynem beine vnd das (**5 va**) Fleisch von mynem vleisch/ si sol heißen virago wann si von eim man gemachet ist vnd darumb so [a. R. wirt] der mensch lassen vater vnd muter vnd wirt anhafftet sinem wibe vnd werden zwey in einem libe.

und den Stein Onichium. 13 Das zweite Wasser heisst Gigon
und ist das Wasser, das das ganze Mohrenland umfliesst. Des
dritten Wassers Name heisst Tigris und fliesst gegen die
Leute Assyriens. Aber das vierte Wasser heisst Euphrat.
15 Da nahm unser Herr Gott den Menschen und setzte ihn in
das Paradies der Lust, dass er es bebaute und hütete.
16 Und er gebot ihm, sprechend: Iss von allem Holze im
Paradies, 17 aber du sollst nicht essen vom Holz des Wissens
von Gut und Übel, denn am Tag, da du von diesem Holz
issest, stirbst du des Todes. 18 Und Gott unser Herr sprach:
Es ist nicht gut für den Menschen, allein zu sein. Lasst uns
ihm einen Helfer machen, der ihm gleich sei. 19 Und darum
schuf Gott alle lebenden Dinge aus dem Erdreich und alles
Geflügel des Himmels, und da führte er sie vor Adam, dass
er sie sähe, wie er sie nennen wollte; denn alles, was eine
lebende Seele war, hiess so, wie Adam sie hiess, das war ihr
Name. 20 Und Adam nannte alle lebenden Dinge mit ihrem
Namen, alles Geflügel des Himmels und alle Tiere des Erd-
reichs. Aber man fand nicht einen Gehilfen, der Adam gleich
wäre. 21 Und Gott der Herr sandte Adam einen Schlaf, und
als er entschlafen war, da nahm er eine seiner Rippen und
machte Fleisch an ihrer Stelle. 22 Und Gott der Herr machte
die Rippe, die er von Adam nahm, zu einem Weib und führte
sie vor Adam. 23 Und Adam sprach: Das Bein ist von
meinem Beine und das Fleisch von meinem Fleisch. Sie soll
heissen Männin [virago], weil sie von einem Mann gemacht
ist. 24 Darum wird der Mensch Vater und Mutter lassen und
wird seinem Weib anhaften, und es werden zwei in einem
Leibe.

SVnder sie Capitulum iij
waren beide nacket/ adam vnd ouch sin wip vnd schammeten sich nicht aver der schlange was schalkeiter [a. R. für Leerstelle im Text; H: 15 va: kundiger; V: callidior] denn alle lebendige ding des ertriches die got der herr machete/ der sprach zuo dem wibe warumb hat uch got verbotten das ir nit essend von igliches holtz früchte in dem paradiso/ das wip antwurte/ wir essen igliches holtzes fruchte in dem paradiso/ Sunder got hat vns verbotten das wir nit essen der früchte des holtzes das mitten in dem paradiso stat/ vnd wir so[l]n es nit ruoren das wir [n]it sterben vnd der slang sprach zuo dem wibe/ nein/ ir sterben nit [a. R. todtes] wan got weiß wol weles tages ir sin essent/ so werden üwer ouge vff gethan vnd werdent als got wissende guot vnd vebel/ vnd das wibe sah an das es guot wer ze essende vnd wunnenklich [H: 15 vb wunneclich] in den ougen/ vnd lüstlich ze schowende vnd brach der fruchte des holtzes vnd aß/ vnd gab ouch ir manne der aß ouch/ vnd Ir beider ougen wurden vff getan/ vnd da si erkanten das si nacket waren da machten si vigen bletter zesamen vnd machten in selber kesten/ vnd da si horten vnnsers herren [a. R. gottes] stimme gende in dem paradiß bi dem wetter nachdem mittemtag/ [H: 15 vb: by dem wetter noch mittem tage] da verbarg sich adam vnd sin wibe mitten in dem holtz des paradises/ da ruoffte vnnser herr adam vnd sprach wo bist/ Er sprach [a. R. Herre] ich horte din styme in dem paradiso vnd forchte mich/ wann ich nacket was vnd verbarg mich Er sprach zuo Im/ wer seite dir das du nacket werst/ nuwenn wan du hast gessen des holtzes frucht die ich dir verbotten hette das du es nit essest vnd adam seite das wibe/ das du mir gemehelt hettest/ die gab mir von der fruchte/ des holtzes/ vnd ich aß vnd got der herr seite zuo dem wibe warumb tete du das/ Sie antwort die schlang betrog mich vnd ich aß/ vnd got der herr sprach zuo dem schlangen/

25 Aber sie waren beide nackt, Adam und auch sein Weib,
aber sie schämten sich nicht.
3,1 Aber die Schlange war listiger [schalkeiter] als alle le-
bendigen Dinge des Erdreichs, die Gott der Herr gemacht
hatte. Diese sprach zu dem Weibe: Warum hat euch Gott ver-
boten, dass ihr von den Früchten jegliches Holzes im Para-
dies esset? 2 Das Weib antwortete: Wir essen jeglichen Hol-
zes Früchte im Paradies. 3 Aber Gott hat uns verboten, dass
wir essen die Früchte des Holzes, das mitten im Paradies
steht, und wir sollen es nicht berühren, damit wir nicht ster-
ben. 4 Und die Schlange sprach zu dem Weibe: Nein, ihr
sterbet nicht. 5 Denn Gott weiss, an dem Tag, da ihr sie esset,
werden eure Augen aufgetan und ihr werdet wie Gott, erken-
nend Gutes und Übles. 6 Und das Weib sah, dass es gut wäre
zu essen und wonniglich in den Augen und lustvoll zu
schauen und brach eine Frucht des Holzes und ass und gab
auch ihrem Manne, der auch ass. 7 Und ihr beider Augen
wurden aufgetan, und da sie erkannten, dass sie nackt waren,
machten sie Feigenblätter zusammen und machten sich selber
Schürzen. 8 Und da sie unseres Herrn Gottes Stimme hörten,
der bei der Witterung nach dem Mittag im Paradies umher-
ging, verbarg sich Adam und sein Weib mitten im Holz des
Paradieses. 9 Da rief unser Herr Adam und sprach: Wo bis
du? 10 Der sprach: Ich hörte deine Stimme im Paradies und
fürchtete mich, weil ich nackt war, und verbarg mich. 11
Gott sprach zu ihm: Wer sagte dir, dass du nackt wärest,
ausser, dass du gegessen hast des Holzes Frucht, die ich dir
verboten hatte, dass du sie essest. 12 Adam sagte: Das Weib,
das du mir angetraut [gemehelt] hast, die gab mir von der
Frucht des Holzes, und ich ass. 13 Und Gott der Herr sagte
zu dem Weibe: Warum tatst du das? Sie antwortete: Die
Schlange betrog mich und ich ass. 14 Und Gott sprach zu der
Schlange:

wande du diß hast gethan/ darumb siestu verfluochet vnder allen lebenden dingen vnd tieren der erden/ Du solt uff diner bruste gan vnd erden essen/ die wil du **(5 vb)** lebest/ vnd ich will vintschafft machen zwischen dir vnd dem wibe/ vnd zwischen dinem geslechte/ vnd des wibes/ Si wirt din houbt zerknustende vnd du [a. R. *wirst* für durchgestrichenes Wort] ir fuossen lagen/ vnd got sprach zuo dem wibe/ ich will manigualtigen din gelüste vnd din empfangnisse/ du solt gebern dine gebuort mit smertzen/ vnd solt sin vnder dines mannes gebotten/ vnd er sol vber dich herschen/ Sunder er sprach zuo adam/ wann du gehörtest dines wibes stime vnd des holtzes frucht essen das ich dir verbotten hette/ das du es nit essest/ harumb sie verfluochet das ertrich in dinem wercke/ mit arbeiten soltu sie nyessen/ alle dine tage/ dorne vnd tisteln sol sie dir gebern/ vnd solt die cruter des ertriches essen/ Du solt in dines antlützes sweisse din brot essen vntz das du wider kuomst zuo der erden/ von der du bist gemachet/ vnd wann du stoub bist so soltu wider zuo stoub werden Vnd adam hies sines wibes namen Eua wann sie ein muoter was aller der die da lebend Vnd got der herr machte adam vnd sinem wibe beltzin röcke vnd leit sie an/ vnd sprach Sihe Adam ist worden als einer vnnser wissende guot vnd vbel/ daruomb sehent das er nit lichte sin hant lasse an das holtz des lebendes vnd esse vnd ewiclich lebe. Got der herr ließ in vs dem paradiß der wolluste/ das er würckete das ertrich von dem er gemache[s]t ist/ vnd er warff adam vs vnd saste vor dem paradiß der wollust einen engel vnd ein fürin swert zuo huottende den wege des holtzes des lebendes.

Weil du dies hast getan, darum seist du verflucht unter allen lebenden Dingen und Tieren der Erde. Du sollst auf deiner Brust gehen und Erde essen, so lang du lebst. 15 Und ich will Feindschaft machen zwischen dir und dem Weibe und zwischen deinem Geschlecht und dem des Weibes. Sie wird dein Haupt zerdrücken und du wirst ihrem Fuss auflauern. 16 Und Gott sprach zu dem Weibe: Ich will deine Lust und deine Empfängnis vermehren und du sollst deine Kinder [wörtlich: Geburt] mit Schmerzen gebären und sollst unter deines Mannes Geboten sein und er soll über dich herrschen. 17 Und er sprach zu Adam: Weil du auf die Stimme deines Weibes gehört hast und des Holzes Frucht gegessen hast, was ich dir verboten hatte, dass du es essest, darum sei verflucht das Erdreich für dein Werk: mit mühevoller Arbeit sollst du es nutzen alle deine Tage, Dornen und Disteln soll es dir gebären, und du sollst die Kräuter des Erdreichs essen. 19 Du sollst im Schweisse deines Antlitzes dein Brot essen, bis dass du wieder kommst zu der Erden, von der du gemacht, und weil du Staub bist, so sollst du wieder zu Staub werden. 20 Und Adam hiess seines Weibes Namen Eva, weil sie eine Mutter war all derer, die da leben. 21 Und Gott der Herr machte Adam und seinem Weibe pelzige Röcke und legte sie ihnen an 22 und sprach: Siehe, Adam ist wie unsereiner geworden, erkennend gut und übel, darum seht zu, dass er nicht vielleicht seine Hand an das Holz des Lebens gehen lasse und esse und ewiglich lebe. 23 Gott der Herr entliess ihn aus dem Paradies der Lust, damit er auf dem Erdreich werke, von dem er gemacht ist. 24 Und er warf Adam hinaus und setzte vor dem Paradies der Lust einen Engel und ein feuriges Schwert, um den Weg zum Holz des Lebens zu hüten.

¶ Capitulum iiij

ADam slieffe bi sinem wibe vnd sie empfienge vnd gebar Cayn sprechende ich han besessen einen menschen von got Anderwarbe gebar sie abel sinen bruder/ Sunder abel was ein hirt der schaffen/ Cayn was ein ackerman/ vnd es beschahe nach vil tagen/ das Cayn opherte gaben von den fruchten des ertriches vnnserm herrn/ vnd abel opherte von dem erstgebornen sines vihes von Ir veissenn/ vnd vnnser herr sahe Inn an vnd sine gaben/ Aber er sahe nit an Cayn noch sin gaben

4.1 Adam schlief bei seinem Weibe, und sie empfing und ge-
bar Kain, sprechend: Ich habe einen Menschen von Gott zum
Besitz bekommen. 2 Abermals gebar sie Abel, seinen Bruder.
Aber Abel war ein Schafhirt, Kain war ein Ackermann. 3
Und es geschah nach vielen Tagen, dass Kain unserm Herrn
Gaben opferte von den Früchten des Erdreichs, 4 und Abel
opferte von den Erstgeborenen seines Viehs und von ihrem
Fette. Und unser Herr sah ihn an und seine Gaben. Aber er
sah weder Kain an noch seine Gaben.

Ex 1,1-4,31

W: 2769, 28 va - 30 ra
[H: 19, 83 ra - 88 ra]

D [große Bild-Initiale] ys sind die namen Israhelis süne die mit Iacob in giengen in Egiptum Iglicher mit allem sim huse gieng In Ruben Simeon Leui Iudas isachar Zabulon vnd Benyamyn Dan vnd Neptalim Gad vnd Aser Ir aller selen die vs gegangen sind von Iacob hüffen der waren [Leerstelle od. Tilgung: fünf? Vgl. Apg 7,14] Sibentzig Aber Ioseph was in Egipto Do der gestarb vnd alle sin gebrüder vnd alle sine kuntschafft/ Do wuchsen israhel sune vnd als snelliclich vs schiessende wurden sie gemanigualtiget/ vnd gestercket gar sere/ vnd erfulleten das lande Ein nuwer kunge stunde vff in dem lande vber egipten der wiste nüt Ioseph/ vnd sprach zu sinem volke Sehent des volkes israhel sünen ist mer vnd starcker denn wir/ komend vnd vertrucken [H: 83 va wir] sie wißlich/ das sie nit gemert werden/ vnd eb vrlige [bellum] wider vns vff stande [H: 83 va Vnd obe urluge wider vns vff stunde] das sie nit zu Vnseren vienden komen/ vnd so wir sigelos werden/ das si denn nit vs dem lande gangen/ [H: 83 vb das sü denne vs dem lande gant] Dorumb saste er vber sie werck meister die sie kestigeten mit bürdinen vnd boweten pharaoni stette der wonunge phiton vnd Rameses/ So si ie mer getrucket wurden/ dester me sie wurden gemanigualtet/ vnd wüchsen Vnd die von Egipto hasseten israhelis süne vnd pinigeten sie spottende vnd brachten Inen Ir leben zu bitterkeit mit hertem wercke horwes vnd ziegeln [luti et lateris]/ vnd mit allem dem dienste des landes wercken wurden sie gearbeitet Aber der küng von Egipto seiten den hebammen der hebreischen Der hies eine Sephora Die ander **(28 vb)** phua/

Ex 1,1-4,31

1 Dies sind die Namen der Söhne Israels, die mit Jakob in
Ägypten eingingen, jeglicher ging mit seinem ganzen Haus
ein: 2 Ruben, Simeon, Levi, Juda, 3 Isachar, Zabulon und
Benjamin, 4 Dan und Nephtali, Gad und Aser. 5 Ihr aller
Seelen, die ausgegangen sind von Jakobs Hüften, der waren
siebzig. Aber Joseph war in Ägypten. 6 Da dieser starb und
alle seine Brüder und seine ganze Verwandtschaft, 7 da
wuchsen Israels Söhne, und so schnell ausschiessend wurden
sie vermehrt und gar sehr gestärkt und erfüllten das Land.
8 Ein neuer König stand auf über dem Land Ägypten, der
kannte Joseph nicht. 9 Und er sprach zu seinem Volk: Seht,
des Volkes Israels Söhne sind mehr und stärker als wir. 10
Kommt, unterdrücken wir sie klugerweise, dass sie nicht ver-
mehrt werden, und wenn ein Krieg gegen uns aufstünde, sie
nicht zu unsern Feinden kämen, und wir so sieglos würden,
und dass sie dann aus dem Land gingen. 11 Daher setzte er
Werkmeister über sie, die sie peinigten mit Lasten. Und sie
bauten dem Pharao die Wohnstädte Phiton und Rameses. 12
Je mehr sie unterdrückt wurden, desto mehr wurden sie ver-
mehrt und wuchsen heran. 13 Und die von Ägypten hassten
Israels Söhne und peinigten und verspotteten sie, 14 und
machten ihnen ihr Leben zu Bitterkeit mit hartem Werk in
Lehm und Ziegeln, und mit dem ganzen Dienst der Landar-
beit wurden sie ermüdet.
15 Aber der König von Ägypten sagte den hebräischen He-
bammen, deren eine Sephora hiess, die andere Phua,

vnd gebot Inen wenn Ir den hebreischen helffend Ire kinde gewinnen/ vnd so das zite der geburte komen sie/ Ist es ein knabe den töttent Ist es ein frowe die lant leben/ Aber die hebammen forchten got/ vnd taten nit nach dem gebotten/ des kunges von Egipto/ mer sie behielten die knaben Der küng rieff Inen zuo Ime vnd sprach was ist das/ das Ir thuon wolten/ das Ir die kinde lant leben Sie antworten Die hebreischen wib sind nit/ als die von Egipto/ wand sie hand vnder Inen die kunst hebammen/ vnd ee das wir zuo Inen komen/ so geberen sie Dorumb tet got wol den hebammen/ vnd das volke wuchs vnd ward gestercket gar vaste/ vnd wand die hebammen got forchten/ do buwet er Inen huser darumb gebot pharao allem sinem volke sprechende Was mannes geslechte geboren werde das werffent in ein wasser/ was frowen geschlechte sie das lant leben

Capitulum ij

DArnach gieng us ein man von leui huse do er genomen hette ein wib sines geslechtes/ vnd die empfieng vnd gebar einen sune vnd sie sahe/ das er was wünniclich gestalt vnd verbarg In drie monade vnd do sie in yetz nit mer mochte verheln/ do nam sie ein bintzen ledelin vnd bestreich es mit lette vnd mit hartze [bitumine ac pice]/ vnd leite das kindelin dar Inn/ vnd leite es in das wasser des baches/ so sin swester verre stande was/ vnd wartete das ding/ wie es ergieng/ Sehent aber pharaonis tochter kam har abe das sie sich wolte weschen in dem wasser/ vnd Ire iu[n]ckfrowen giengen durch den arm des wassers [et puellae ejus gradiebantur per crepidinem alvei; H: 84 rb - 84 va Vnd ire Jungfrowen giengent durch den arm des wassers] Do sie ersahe die laden in dem wasser do sante sie Ir dienerin eine dar/ vnd do sie ir die brachte/ do tett sie es vff/ vnd sahe ein kint/ do inn weinende Sie erbarmete das kinde vnd sprach/

16 und gebot ihnen: Wenn ihr den Hebräerinnen helft, ihre
Kinder zu bekommen, und sie so in die Zeit der Geburt
kommen: ist es ein Knabe, den tötet, ist es weiblich, das lasst
leben. 17 Aber die Hebammen fürchteten Gott und taten
nicht nach dem Gebot des Königs von Ägypten, sondern sie
behielten die Knaben am Leben. 18 Der König rief sie zu
sich und sprach: Was ist das, das ihr tun wolltet, dass ihr die
Kinder leben lässt? 19 Sie antworteten: Die hebräischen
Weiber sind nicht wie die von Ägypten, denn sie haben unter
sich das Können der Hebammen, und ehe wir zu ihnen kom-
men, gebären sie. 20 Darum tat Gott den Hebammen Gutes,
und das Volk wuchs und wurde sehr stark gekräftigt. 21 Und
weil die Hebammen Gott fürchteten, baute er ihnen Häuser.
22 Da gebot Pharao seinem ganzen Volke, sprechend: Was
als männliches Geschlecht geboren wird, das werft ins Was-
ser, was weiblichen Geschlechts, das lasst leben.
2,1 Danach ging ein Mann vom Hause Levi aus, und da er
ein Weib seines Geschlechtes genommen hatte, 2 empfing sie
und gebar einen Sohn. Und sie sah, dass er von wonniglicher
Gestalt war und verbarg ihn drei Monate lang. 3 Und da sie
ihn jetzt nicht mehr zu verbergen vermochte, nahm sie ein
Binsenkästchen und bestrich es mit Lehm und Harz und legte
das Kindlein hinein und legte es in das Wasser des Baches. 4
Indessen stand seine Schwester von ferne und wartete der
Dinge, wie es ergehe. 5 Doch siehe: des Pharaos Tochter
kam herab, dass sie sich im Wasser waschen wollte, und ihre
Jungfrauen gingen durch den Arm des Wassers. Als sie den
Kasten in dem Wasser sah, sandte sie eine ihrer Dienerinnen
hinab, und da sie ihn ihr brachte, 6 tat sie ihn auf und sah ein
Kind weinend darin. Sie erbarmte sich sein und sprach:

Diß ist der hebreischen kinden Des kindes swester seite/ wilt du das ich dir ein hebreisches wibe bringe/ die dis kinde fuoren mege Sie antwurt/ gang/ Die Iunckfrow gieng hin vnd rieff des kindes muoter/ pharaonis tochter sprach zuo Ir Nim diß kinde vnd thu Im rat/ vnd fuore es mir/ Ich wil dir dinen lon geben/ Das wip empfieng das kinde/ vnd fuorete es.
(29 ra) Vnd do es gewachsen was/ do gab si es pharaonis tochter/ die name In zuo einem sune/ vnd hies sinen namen Moyses sprechende/ ich han In genomen vs dem wasser/ In den tagen do moyses/ gewuochs/ do ging er vs/ zu sinen brüoderen/ vnd er sahe Ire kestigunge vnd einen egiptien [---Tilgung] einen hebreischen slahen/ siner brüoder einen/ vnd do er hine vnd har sahe/ vmb sich/ vnd er niemant sahe/ do ersluog er den Egiptien vnd verbarge ine vnder sande/ Vnd eins andern tages gieng er vs vnd sahe zwen Hebreisch kriegen/ vnd er seite dem/ der die schalkeit tet/ warumb slahest du dinen eben menschen Der antwurt/ wer saste dich ze fürsten oder ze richter vber vns/ du wilt licht ouch mich ertötten/ als du gester erschluge den egiptien/ Moyses forchte sich/ vnd sprach/ Wie ist dis wort offenber worden/ vnd pharao erhorte die rede/ vnd begerte moysen ertötten/ Er flohe von siner angesicht vnd wonete in dem lande Madian/ vnd sas zuo dem sode [iuxta puteum]/ Aber der priester madian des landes hette siben tochter die kamen wasser ze schopfende/ vnd fulleten die troge [H: 85 ra crüge; impletis canalibus adaquare cupiebant greges patris sui] vnd wollten Ihres vaters herte trencken Die hirten kamen vnd stiessen si dannan. Vnd moyses stund vff vnd schirmete die tochter/ [H: 85 ra die döchteren] vnd tranckete ir herten Do sie wider heim kamen zu Ihetro Irem vater/ do sprach er zuo Inen Warumb sind [ir] zitlicher komen denn allwegen/ Si antworten ein man von Egipto loste vns von der hirten handen

Das ist eines der hebräischen Kinder. 7 Des Kindes Schwe-
ster sagte: Willst du, dass ich dir ein hebräisches Weib brin-
ge, die dieses Kind nähren möge? 8 Sie antwortete: Geh! Die
Jungfrau ging hin und rief des Kindes Mutter. 9 Des Pharaos
Tochter sprach zu ihr: Nimm dieses Kind und nähre es. Ich
will dir deinen Lohn geben. Das Weib empfing das Kind und
nährte es. Und als es gewachsen war, gab sie es Pharaos
Tochter. 10 Diese nahm ihn an Sohnes statt an und hiess sei-
nen Namen Moses, sprechend: Ich habe ihn aus dem Wasser
genommen.
11 In den Tagen, da Moses herangewachsen war, ging er zu
seinen Brüdern, und er sah ihre Züchtigung und einen Ägyp-
ter, der einen Hebräer schlug, einen seiner Brüder. 12 Und
als er hin und her um sich herum sah und er niemand sah, da
erschlug er den Ägypter und verbarg ihn im Sande. 13 Und
eines andern Tages ging er aus und sah zwei Hebräer hand-
greiflich streiten, und er sagte dem, der das Böse tat: Warum
schlägst du den Menschen deinesgleichen? 14 Er antwortete:
Wer setzte dich zum Fürsten oder zum Richter über uns? Du
willst vielleicht auch mich töten, wie du gestern den Ägypter
erschlugst. Mose fürchtete sich und sprach: Wie ist der Ruf
davon offenbar geworden? 15 Und Pharao hörte die Rede,
und er begehrte, Moses zu töten. Dieser floh aus Pharaos An-
gesicht und wohnte im Lande Madian und sass an einem
Brunnen. 16 Aber der Priester des Landes Madian hatte sie-
ben Töchter. Diese kamen Wasser zu schöpfen und füllten
die Tröge und wollten ihres Vaters Herde tränken. Die Hirten
aber kamen und stiessen sie von dannen. Und Moses stand
auf und beschirmte die Töchter und tränkte ihre Schafe. 18
Als sie wieder heim zu Jetro, ihrem Vater kamen, sprach
dieser zu ihnen: Warum seid ihr zeitiger gekommen als
allemal? 19 Sie antworteten: Ein Mann aus Ägypten erlöste
uns aus der Hand der Hirten.

Darzuo schopft er vns wasser/ vnd gaben den schaffen ze trincken Er sprach/ wo ist er Warumb liessend Ir den man/ Rüoffent Ime das er mit vns esse brot Darumb swur moises das er bi Im wonen wollte Vnd nam Sephoram sin tochter ze wib/ die gebar Im einen sun/ den hies er Gersan sprechende/ Ich was ellende in einem frometen [H: 85 va fromden] lande/ Mer si gebar Ime einen andern/ den hies er Eliezer sprechende wan mynes vater got ist myn helfer vnd hatt mich von pharaonis gewalte [a. R. erloßt] [H: 85 vb Vnd zuckete mich von pharaonis gewalt] Nach vil zites starb der küng Egipti/ vnd israhel süne ersüfftzeten vmb die wercke/ vnd schruwen vnd Ir schrey gieng vff ze gotte von Ir wercken/ Vnd er erhörte Ire süfftzen **(29 rb)** vnd gedachte der sune/ [recordatus est foederis; H: 85 vb gedachte der sinner] die er gedinget hette mit abraham ysaac vnd Jacob/ Vnd vnser her sahe an israhel süne vnd lidigete [H: 85 vb sü von iren wercken]

MOyses ¶ **Cap. iij**

weidete sines swehers schaff Ihetro des priesters madian Vnd do er die herten treibe in die Inre der wüsten/ do kam er vff gotz berg Oreb/ vnd vnser herre erschein Ime in eins füres flammen mitten in einem boschen/ vnd er sahe das er brande vnd doch nit verbrande Dorvmb sprach moyses/ Ich will gan vnd wil dise grosse gesichte sehen/ warumb der bosch nit verbrenne/ Do vnnser herr sahe das er komen wolt luogend do rieff er mitten vs dem boschen vnd sprach/ Moises moises/ Er antwort hie bin ich Er sprach/ nit kumme nahor here zuo/ Embinde [H: 85 va Enstrick] dine geschuohe von dinen füssen/ wann die stat da du stast/ das ist heilig erde/ vnd sprach/ Ich bin dines vater got abraham got ysaac/ got jacob/ Moises verbarg sin antlütz wann er getorste [H: 85 va gedurst] nit ze got gesehen/ vnnser herr sprach zu Ime Ich sahe mines volkes kestigunge in egipto/

Dazu schöpfte er uns Wasser und gab den Schafen zu trin-
ken. 20 Jetro sprach: Wo ist er? Warum liesset ihr den Mann
stehen? Ruft ihn, dass er mit uns Brot esse. 21 Da schwur
Moses, dass er bei ihm wohnen wollte. Und er nahm
Sephora, seine Tochter, zum Weib. 22 Diese gebar ihm einen
Sohn, den hiess er Gersan, indem er sprach: Ich war fremd in
einem fremden Lande. Und sie gebar ihm einen zweiten, den
hiess er Eliezer, indem er sprach: Denn meines Vaters Gott
ist mein Helfer und hat mich aus der Gewalt des Pharao
erlöst.
23 Nach langer Zeit starb der König Ägyptens, und Israels
Söhne seufzten wegen der Arbeit und schrien, und ihr Ge-
schrei ging auf zu Gott von ihrer Arbeit. 24 Und er erhörte
ihr Seufzen und gedachte der Söhne, die er gedingt hatte mit
Abraham, Isaak und Jakob. 25 Und unser Herr sah an Israels
Söhne und befreite sie.
3,1 Moses weidete die Schafe seines Schwiegervaters Jetro,
des Priesters von Madian. Und als er die Herden ins Innere
der Wüste trieb, kam er zum Gottesberg Horeb. 2 Und unser
Herr erschien ihm in den Flammen eines Feuers mitten in ei-
nem Busch. Und er sah, dass er brannte und doch nicht ver-
brannte. Darum sprach Moses: Ich will gehen und will diese
grosse Erscheinung sehen, warum der Busch nicht verbrennt.
4 Da unser Herr sah, dass er kommen wollte und schauen, da
rief er mitten aus dem Busch und sprach: Moses, Moses! Er
antwortete: Hier bin ich. 5 Er sprach: Komm nicht näher zu
hierhin. Entbinde deine Schuhe von den Füssen, denn diese
Stätte, wo du stehst, ist heilige Erde. 6 Und er sprach: Ich bin
der Gott deines Vaters Abraham, Gott Isaaks, Gott Jakobs.
Moses verbarg sein Antlitz, denn er getraute sich nicht, Gott
anzusehen. 7 Unser Herr sprach zu ihm: Ich sah die Peini-
gung meines Volkes in Ägypten

vnd hörte Ir schreien von der werckmeistern hertekeit/ vnd kam herunder das ich sie erlöste von Egiptien henden/ vnd das ich sie fürte vs dem lande/ in ein guotes Lande vnd ein wites/ in ein lande das hin flusset von milch vnd von honig/ in die stett chanauei vnd ethei vnd amorrei vnd pheresei/ vnd euei vnd iebusei Dorumb kam zuo mir israhel sünen schrey/ vnd ich sahe die kestigunge mit der si vertrucket sind von den egiptien Sunder kum ich will dich senden zuo pharaone/ das du dannan furest myn volke israhelis sune von Egipto/ Moyses sprach zuo got Wer bin ich das ich gan sol vnd israhelis süne füren von Egipto/ Er seite Im/ ich will by dir sin/ vnd habe das zuo einem by zeichen das ich dich habe gesant/ So du myn volke vs gefüorest von Egipto so solt du dem herren opferen vff disem berge/ Moyses sprach ze got/ Sich ich will gan zue israhelis sunen/ vnd will inen sagen/ Vwer vetteren got hat mich gesant zuo üch Eb si sprechend wie **(29 va)** heisset er was sol ich in sagen/ Do sprach der herr ze moysen Ich bin der [a. R. *do*] ist/ Er sprach/ also/ sage Israhelis sunen Der [a. R. *do*] ist hat mich gesant/ zuo üch Anderwarbe sprach der herr zuo Moysen/ diese sag israhelis sünen Der herre got üwer vetter got/ abraham/ got ysaac/ got Iacob hat mich zuo üch gesant der namme ist mir eweclich/ vnd das ist mynn gedencken von ewen vntz ewen/ Gang vnd besammene [die] eltesten süne israhelis vnd sage Inen der herr üwer vetteren got/ ist mir erschinen got Abraham/ got ysaac vnd got Jacob sprechende Gesehende han ich üch gesehen/ vnd han alle ding gesehen/ die uch geschehen sind in Egipto Vnd ich sprach das ich uch erloste von der kestigunge egipti Vnd uch fürte in das lande chananey vnd

und hörte ihr Schreien wegen der Härte ihrer Werkmeister. 8 Und ich kam herunter, dass ich sie erlöse aus der Hand der Ägypter und dass ich sie führe aus dem Land in ein gutes Land und ein weites, in ein Land, das hin fliesset von Milch und von Honig, in die Städte der Chananiter und Hethiter und Amorriter und Pheresiter und Heviter und Jebusiter. 9 Also kam zu mir der Schrei der Söhne Israels, und ich sah die Züchtigung, mit der sie erdrückt sind von den Ägyptern. 10 Aber komm, ich will dich senden zum Pharao, dass du mein Volk, Israels Söhne, von dannen führest aus Ägypten. 11 Moses sprach zu Gott: Wer bin ich, dass ich gehen soll und Israels Söhne aus Ägypten wegführe? 12 Und er sprach zu ihm: Ich will bei dir sein, und habe du dies zu einem Zeichen, dass ich dich gesandt habe: So du mein Volk aus Ägypten herausgeführt hast, sollst du dem Herrn opfern auf diesem Berge. 13 Moses sprach zu Gott: Sieh, ich will zu Israels Söhnen gehen und will ihnen sagen, der Gott eurer Väter hat mich zu euch gesandt. Wenn sie sprechen: Wie heisst er? Was soll ich dann sagen? 14 Da sprach der Herr zu Moses: Ich bin der da ist. Er sprach: Also, sage Israels Söhnen: "Der da ist" hat mich zu euch gesandt. 15 Zum zweiten Mal sprach der Herr zu Moses: Dies sag Israels Söhnen: Der Herr Gott eurer Väter, der Gott Abrahams, der Gott Isaaks, der Gott Jakobs hat mich zu euch gesandt. Der Name ist für ewig mein. Und das ist mein Gedenken von Ewigkeit zu Ewigkeit. 16 Geh und versammle die ältesten Söhne Israels und sage ihnen: Der Herr, eurer Väter Gott, ist mir erschienen, der Gott Abrahams, der Gott Isaaks und der Gott Jakobs, und sprach: Sehend habe ich euch gesehen und alle Dinge gesehen, die euch in Ägypten geschehen sind. 17 Und ich sprach, dass ich euch aus der Peinigung Ägyptens erlöse und euch führe in das Land der Chananiter und

ethei vnd amorrei/ pheresei/ enei [für richtiges: evei] vnd Ihebusei in ein lande flüssendes von honig vnd von milche // vnd sie werden Dine [H: 86 rb min] stimme horende/ Vnd du vnd die alten israhel sönd in gan für den künge egipti/ vnd sprych zuo Ime Der hebreischen lüten herre got hat vns gerüoffet Wir sön drie tagweide gan in die wüstin/ das wir opfern vnnserem herren got/ Sunder ich weis das uch der kung egipti nit lat/ das Ir gangent wann mit starckem gewalt/ wann Ich wil myn hant strecken/ vnd wil egiptum slahen in allen mynen wundern die ich wirde tuonde mitten vnder Inen Darnach wirt/ er uch lassen/ vnd ich wil disem volke gnade geben vor Egiptien vnd so ir us varent/ so gant nit vs lere/ mer ein wip sol heischen von Ir nachgebüren/ vnd von Ir wirttinnen silberine vnd guldine vas vnd cleider vnd legend sie vff üwer süne vnd tochter vnd roubet Egiptum

¶ Capitulum iiij

DO antwuort moyses vnd sprach [a. R. *zu dem herren*] Sie gloubent mir nit noch enhoren mynn styme/ mer si werden sprechende Vnser herr ist dir nit erschinen/ Dorumb sprach vnnser herr zuo Im Was ist das du in der hant hast Er antwortt/ ein Ruotte Do sprach vnnser her/ wirff sie von dir vff die erden/ Er warff sie vnd ward verwandelet/ in einen slangen/ Also das Moyses flohe **(29 vb)** vnd der herre sprach/ Strecke dine hant von dir/ vnd begreiff sinen sweiff Er strackte sin hand vnd hette In/ vnd er ward verwandlet in ein rutten [a. R. *vff*] das sie dir glouben [a. R. *sprach er*] das dir diner vetteren herre got erschinen sie got abraham/ got ysaac/ vnd got Jacob Anderwarbe sprach got Stos din hant in dinen busem/ do er sie in sinen busem gesties/ do zohe er sie harus miselig wiß als der snee von misele/ Er sprach/ zucke din hande wider in den buosen

Hethiter und Amorriter, Pheresiter, Heniter [für richtiges eviter] und Jebusiter, in ein Land, fliessend von Honig und von Milch. 18 Und sie werden auf deine Stimme hören. Und du und die Alten Israels sollen hineingehen vor den König Ägyptens, und du sprich zu ihm: Der Herr Gott der hebräischen Leute hat uns gerufen. Wir sollen drei Tagereisen in die Wüste gehen, dass wir dort unserem Herren Gott opfern. 19 Ich weiss aber, dass euch der König Ägyptens nicht gehen lässt, es sei denn durch starke Gewalt. 20 Denn ich will meine Hand ausstrecken und will Ägypten schlagen mit all meinen Wundern, die ich mitten unter ihnen tun werde. Dann wird er euch gehen lassen. 21 Und diesem Volke will ich Gnade geben vor Ägypten. Und wenn ihr auszieht, so geht nicht leer weg, 22 vielmehr soll das Weib von ihrer Nachbarin und von ihrer Wirtin silberne und goldene Geschirre fordern [heischen] und Kleider. Und legt sie auf eure Söhne und Töchter und beraubt so Ägypten.
4,1 Da antwortete Moses und sprach: Sie glauben mir nicht, noch hören sie auf meine Stimme, sondern sie werden sprechen: Unser Herr ist dir nicht erschienen. 2 Da sprach unser Herr zu ihm: Was ist das, das du in der Hand hast? Er antwortete: eine Rute 3 Da sprach unser Herr: Wirf sie von dir, auf die Erde. Er warf sie, und sie ward in eine Schlange verwandelt, also dass Moses floh. 4 Und der Herr sprach: Strecke deine Hand von dir aus und ergreif ihren Schwanz. Er streckte seine Hand aus und hatte sie, und sie ward in eine Rute verwandelt. 5 Damit sie dir glauben, sprach er, dass dir deiner Väter Herr Gott erschienen sei, der Gott Abrahams, der Gott Isaaks und der Gott Jakobs. 6 Zum zweiten Mal sprach Gott: Stosse deine Hand in deinen Busen! Als er sie in seinen Busen gestossen hatte, zog er sie heraus, aussätzig weiss wie Schnee. 7 Und er sprach: Steck deine Hand schnell wieder in den Busen!

Er zohe si wider in vnd zohe sie wider us vnd was glich dem anderen fleische Eb sie dir nit gloubent noch horen die rede [a. R. sprach er] des ersten zeichen/ so glouben sie doch dem worte/ des nachgenden zeichen/ ist aber das sie noch weder den zweien ersten zeichen wend glouben/ noch din stime hörent/ so nym wasser des runses [aquam fluminis] vnd guß es vff die durre vnd alles das du geschöpfest das wirt verwandlet in bluot Moyses sprach Herre ich bitt dich/ ich kann nit wol [a. R. reden] sider gester vnd des vordern tages sider das du mit dinem knechte redetest so bin ich hinckender vnd treger zungen [impeditioris et tardioris linguae] Der herre sprach zu Ime Wer machte des menschen/ munde/ oder wer hat gemachet den stumen vnd den touben/ den gesehenden vnd blinden/ han ich das nit gethan Dorvmb far/ vnd ich will by dir sin in dinem munde vnd will dich leren was du reden solt Er sprach/ ich bitt dich herr sende den du wilt senden [mitte quem missurus es] Do ward vnnser herr zornig/ wider Moysen/ vnd sprach Aaron din bruoder ein leuite der ist redelich/ das weis ich/ sehend er wirt dir bekomende/ vnd so er dich sihet/ so wirt er sich frowende in sinem hertzen/ rede mit Im vnd sag [H: 87 rb ime] myne wort/ in sinem mund/ vnd ich wil in dinem munde sin/ vnd in sinem munde vnd wil uch zougen was Ir schaffen sönd [H: 87 rb süllent] er sol reden fur dich zuo dem volke vnd sol din munde sin Aber du solt Im - sin/ an den dingen/ die zuo got horendt [tu autem eris ei in his quae ad Deum pertinent; [H: 87 rb Aber du solt in leren an den dingen Die zu gotte gehörent] Vnd nym diese ruotte in din hande mit der wirst du zeichen tuon Moyses gieng sinen weg/ vnd kam wider zuo sinem sweher ihetro/ vnd seyte im/ ich wil gan wider zuo mynenn brüoderen in Egiptum/ das ich sehe/ **(30 ra)** Eb sie noch leben/ Ihetro sprach zuo Im Gang in friden/

Er steckte sie wieder hinein und zog sie wieder heraus, und sie war gleich dem anderen Fleisch. 8 Wenn sie dir weder glauben noch der Rede zuhören, sprach er, beim ersten Zeichen, so glauben sie doch dem Worte des nachherigen Zeichens. 9 Ist es aber so, dass sie weder den zwei ersten Zeichen glauben wollen noch auf deine Stimme hören, so nimm Wasser des Flusses und giess es aufs Trockene, und alles, was du schöpfest, das wird in Blut verwandelt. 10 Da sprach Moses: Herr, ich bitte dich, ich kann nicht gut reden. Seit gestern und des vorderen Tages, seit du mit deinem Knechte redest, bin ich von hinkender und träger Zunge. 11 Der Herr sprach zu ihm: Wer machte des Menschen Mund oder wer hat den Stummen und den Tauben gemacht, den Sehenden und den Blinden, habe nicht ich das getan? 12 Darum mach dich auf, und ich will bei dir sein in deinem Munde und will dich lehren, was du reden sollst. 13 Er sprach: Ich bitte dich, Herr, sende, wen du willst senden. 14 Da ward unser Herr zornig wider Moses und sprach: Aaron, dein Bruder, ein Levite, der ist beredsam, das weiss ich. Seht, er wird dir entgegen kommen, und so er dich sieht, wird er sich freuen in seinem Herzen. 15 Rede mit ihm und sag meine Worte in seinen Mund, und ich will in deinem Munde sein und in seinem Munde und will euch zeigen, was ihr tun sollt. 16 Er soll für dich zu dem Volke reden und soll dein Mund sein. Aber du sollst ihn lehren in den Dingen, die Gott zugehören. 17 Und nimm diese Rute in deine Hand, mit der du Zeichen tun wirst. 18 Moses ging seinen Weg und kam wieder zu seinem Schwiegervater Jetro und sagte zu ihm: Ich will wieder zu meinen Brüdern in Ägypten gehen, damit ich sehe, ob sie noch leben. Jetro sprach zu ihm: Geh in Frieden.

Vnnser herr sprach zu Moysen in Madian/ gang vnd kere wider in egiptum wann alle die sind tod die din sele suchten/ Moyses name sin wibe vnd sin süne vnd saste sie vff einen esel vnd kert wider in egiptum vnd trug gotes ruotten in siner hant vnd do er gan wolt in egiptum Do sprach vnnser herr zu Im Sich das du alle die zeichen/ die ich dir in din hant geben han/ das du sie tuoiest vor pharaone Ich wil verherten sin hertze/ das er das volk nit lat Vnd du solt sprechen zuo Ime Diese sprichet vnnser herr/ min erstgeboren sune ist israhel Ich seite dir La mynen sune das er mir diene vnd du woltest in nit lan Sehet/ ich will dinen erstgebornen sun tötten Vnd do er was kummen an ein wegscheyden vff dem wege/ do begegent Im vnnser herr vnd wollte In erslagen han Do nam balde Sephora einen scharpfen stein/ vnd besneyt Iren sun vnd berürte sin füs/ vnd sprach/ du bist mynn gemahel der bluoten vnd lies in/ Dornach do si gesprach du bist myn gemahel der bluoten vmb die besnydunge Aber vnnser herr sprach zuo Aaron Gang bekum moysen in der wüsti Er bekame Im vff dem berge gots/ vnd küste In/ vnd moyses seite Aaron/ vnnsers herren wort alle vmb die er Inn gesantt hette/ vnd die zeichen die er Im gebotten hette vnd sie giengen miteinander vnd besammeten die elteren israhel süne/ vnd aaron redete alle die wort/ die vnnser herr mit Moysen geredet hette/ vnd tett die zeichen vor dem volke/ vnd das volke gloubete In/ vnd horten/ das vnnser herr israhel süne gesehen hette/ vnd das er Ir kestigunge an gesehen hette/ vnd anbetteten/ vnd neygeten sich nyder

19 Unser Herr sprach zu Moses in Madian: Geh und kehre wieder nach Ägypten zurück, denn tot sind alle, die deine Seele suchten. 20 Moses nahm sein Weib und seine Söhne und setzte sie auf einen Esel und kehrte wieder nach Ägypten zurück und trug Gottes Rute in der Hand. 21 Und da er nach Ägypten gehen wollte, sprach der Herr zu ihm: Sieh zu, dass du alle Zeichen, die ich dir in die Hand gegeben habe, vor dem Pharao tust. Ich will sein Herz verhärten, dass er das Volk nicht ziehen lässt. 22 Und du sollst zu ihm sprechen: Dies spricht unser Herr: Mein erstgeborener Sohn ist Israel. 23 Ich sagte dir: Lass meinen Sohn, dass er mir diene, und du wolltest ihn nicht gehen lassen. Seht, so will ich deinen erstgeborenen Sohn töten. 24 Und da er auf dem Weg an eine Wegscheide gekommen war, da begegnete ihm unser Herr und wollte ihn erschlagen haben. 25 Da nahm Sephora alsbald einen scharfen Stein und beschnitt ihren Sohn und berührte seine Füsse und sprach: Du bist mein Blutgemahl. 26 Und er liess ihn. 27 Aber unser Herr sprach zu Aaron: Geh Moses entgegen in der Wüste. Er kam ihm entgegen am Berge Gottes und küsste ihn. 28 Und Moses sagte Aaron alle Worte unseres Herrn, womit er ihn gesandt hatte, und die Zeichen, die er ihm geboten hatte. 29 Und sie gingen miteinander und versammelten die älteren der Söhne Israels, 30 und Aaron redete all die Worte, die unser Herr mit Moses geredet hatte und dieser tat die Zeichen vor dem Volke, 31 und das Volk glaubte ihnen. Und sie hörten, dass unser Herr Israels Söhne gesehen hatte, und beteten an und neigten sich nieder.

Deuteronomium 5,1-6,9

W: 2769, 82 va - 83 rb
[H: 19, 252 ra - 255 ra]

UNd moises rieff allem israhel vnd sprach zuo Ime/ Höre israhel die hochgezit vnd gerichte die ich hüt wil sprechen in üwern oren/ lernent sie/ vnd erfullent sie mit dem wercke/ unser herre got hat mich mit uns [H: 252 rb hat mich üch] gedinget/ einen sün vff dem berg Oreb/ [H: 252 rb ein sün oder ein fruntschafft vff dem berge oreb] Er gedinget dis gedinge nit mit unseren vettern mer er gedingete es mit vns/ die nu [H: ygnote] sint/ vnd lebent/ von antlütz ze antlütz redte er mit vns/ vff dem berg/ mitten vs dem füre Ich was ein scheyder/ vnd ein mitteler zwischen got vnd üch In dem zitte (**82 vb**) das ich uch künte sine wort/ wann Ir forchtent das für/ vnd kamen nit vff den berg/ vnd er seite/ Ich bin der herre din got der dich gefüret hat/ us egipten lande von dem hus des dienstes Du solt nit fromede got haben in myner angesichte Du solt dir kein ergraben bilde machen/ noch kein glichnisse aller der die obenan vff dem himel sint/ noch der die niden vff der erden sint/ vnd der die in den wasseren wonent/ vnder der erden Du solt sie nit anbetten noch veben/ wann ich bin der herre din got/ Got ein rach geber/ vnd gilte üwer vettern vngerechtikeit in das dritte vnd in das vierde geslechte denen/ die mich hassent/ vnd tuon myne erbaremhertzikeit/ In vil tusent/ denn die mih mynnent/ vnd mine gebot behalten/ du solt dins herren gottes namen nit vppeclich nemen/ wann er blibet nit vngekestiget

Deuteronomium 5,1-6,9

1 Und Mose rief ganz Israel und sprach zu ihm: Höre Israel die Feste (*ceremonias*) und die Rechtssatzungen, die ich heute sprechen will in eure Ohren, lernt sie und erfüllt sie mit dem Werk. 2 Unser Herr Gott hat [*mich*: nicht getilgter Fehler!] mit uns [das Wort: *uns* in der Handschrift korr.] geschlossen eine Sühne auf dem Berge Horeb. 3 Er machte dieses Versprechen nicht mit unseren Vätern ab, sondern er machte es mit uns ab, die jetzt sind und leben. 4 Von Antlitz zu Antlitz redete er mit uns auf dem Berg mitten aus dem Feuer. 5 Ich war ein Schiedsrichter und ein Mittler zwischen Gott und euch zu jener Zeit, damit ich euch seine Worte verkündete, denn ihr fürchtetet das Feuer und kamt nicht auf den Berg. Und er sagte: 6 Ich bin der Herr, dein Gott, der dich geführt hat aus dem Ägyptenlande, aus dem Haus des Dienstes. 7 Du sollst nicht fremde Götter haben in meinem Angesichte. 8 Du sollst dir kein ausgemeisseltes Bild machen, noch ein Abbild all derer, die oben am Himmel sind, noch derer, die unten auf der Erden sind, noch derer, die in den Wassern unter der Erde wohnen. 9 Du sollst sie nicht anbeten noch sie verehren, denn ich bin der Herr, dein Gott, ein Rache übender Gott, und ich vergelte eurer Väter Ungerechtigkeit bis in das dritte und in das vierte Geschlecht denen, die mich hassen, 10 und ich tue meine Barmherzigkeit an vielen Tausenden, denen die mich lieben und meine Gebote behalten. 11 Du sollst deines Herren Gottes Namen nicht unnütz nehmen, denn der wird nicht ungestraft bleiben,

der sinen namen nymet vber ein vppig ding/ Behalt dine viertage das du sie heiligest als dir din herre got gebotten hat/ Wercke sechs tage/ vnd thu alle dine wercke/ der sibende tag ist der sabbat/ das ist ein ruwe tag dines herren gotes/ Kein werk solt du thun des tages/ du vnd dine sün/ vnd din knecht/ vnd din dirne/ vnd din tochter/ vnd din rinde/ vnd din esel/ vnd alles din vihe/ vnd der bilgrin der Inrent dinem tor ist/ das din knecht vnd din dirne ruowen als ouch du Gedencke das ouch du diendest/ In egipten lande/ vnd das dich din herre got dannan fürte mit starckem gewalte vnd mit mechtigem gewalt/ Darumb gebot er dir das du hieltest den samstag Ere dinen vater vnd din muoter/ als din herre got hat gebotten das du lange zit lebest/ vnd dir wol sie in dem lande das dir geben wil din herre got/ Du solt nyeman erslahen/ Noch ein huorer sin vnd [a. R. ebrecher] vnd thuo keine düppestal Noch rede nit wider dinen nechsten kein falsch gezücknüsse Du solt nit begeren dines nechsten wib/ noch sin hus/ noch sinen acker/ noch knecht/ noch dirnen noch rinde/ noch esel noch alle die sin sint/ Dise wort redte der herre zuo aller üwer menigi vff dem berge mitten vs dem füre vnd vs den wolken/ vnd der dunckele mit grosser stimme/ Vnd redte do zuo mir nit mer/ vnd schreip sie an zwo steinin tauelen/ die er mir gap/ Aber dornach do Ir die stimme hörtent/ mitten vs der vinstrinen **(83 ra)** Vnd Ir den perg sahen brennent/ Do giengent Ir zuo mir alle fürsten der geschlechten vnd die besten an geburte/ vnd sprachent/ Sihe – der herr vnser got hat vns erzouget: – sin magent crafft [H: 253 ra mogekrafft]/ vnd sin grossi/ wir haben sine stymme gehört mitten vs dem füre vnd habent hüte bewert das der man lebet do got mit Im redete Harumb [H: 253 ra Her vmb] dur was werden wir sterbende/

der seinen Namen für ein unnützes Ding nimmt. 12 Halte
deine Feiertage, indem du sie heiligst, wie der Herr dir gebo-
ten hat. 13 Arbeite sechs Tage, und tu alle deine Werke, 14
der siebente Tag ist der Sabbat, das ist ein Ruhetag deines
Herrn und Gottes. Kein Werk sollst du tun an diesem Tag, du
und dein Sohn und dein Knecht und deine Magd und deine
Tochter und dein Rind und dein Esel und all dein Vieh und
der Pilger, der innerhalb deines Tores ist, auf dass dein
Knecht und deine Dienerin ruhen wie auch du. 15 Gedenke,
dass auch du dientest in Ägyptenland und dass dich dein Herr
Gott von dannen führte mit starker Gewalt und mit mächtiger
Gewalt. Darum gebot er dir, dass du den Samstag haltest. 16
Ehre deinen Vater und deine Mutter, wie dein Herr Gott es
geboten hat, auf dass du lange Zeit lebest und es dir wohl sei
in dem Lande, das dir dein Herr Gott geben will. 17 Du sollst
niemand erschlagen, 18 noch ein Hurer [a. R. Ehebrecher]
sein, 19 und tu keinen Diebstahl, 20 noch rede wider deinen
Nächsten ein falsches Zeugnis. 21 Du sollst nicht begehren
deines Nächsten Weib, noch sein Haus, noch seinen Acker,
noch Knecht, noch Magd, noch Rind, noch Esel, nichts von
allem, was sein ist.
22 Diese Worte redete der Herr zu eurer ganzen Menge auf
dem Berge, mitten im Feuer und aus den Wolken und der
Dunkelheit mit grosser Stimme. Und er redete dann zu mir
nicht mehr und schrieb sie auf zwei steinerne Tafeln, die er
mir gab. 23 Aber nachdem ihr die Stimme aus den Finster-
nissen hörtet und ihr den Berg brennend sahet, da gingt ihr zu
mir, alle Fürsten der Geschlechter und die Besten von Geburt
und sprachet: 24 Siehe, der Herr unser Gott hat uns seine
starke Kraft und seine Grösse gezeigt. Wir haben seine Stim-
me mitten aus dem Feuer gehört und haben heute festgestellt,
dass der Mann, mit dem Gott redete, am Leben bleibt. 25
Also, warum werden wir sterben

vnd wirt vns dis gröste für hie fressende/ wann sollen wir fürbass hören vnsers herren gottes stimme/ so werden wir sterbende/ was ist alles fleisch das es hören solle des lebenden gotz styme der mitten vs dem füre redet vnd leben möge als wir gehört han/ du solt baß hin zuo gan/ vnd höre alle die [die] dir vnser herre got sage/ vnd sag si vns/ vnd so wir si gehören so wellen wir si tuon Do dis vnser herre erhörte/ do sprach er zuo mir Ich habe gehört dis volkes wortten styme die si mit dir geredet hant/ Si hant alle wort wol geredet wer git Inen/ ein solich gemüt haben/ daz si mich forchten/ vnd behalten alle mine botschafft zuo allen ziten/ das Inen wol si vnd iren sünen eweclich/ Douon gange vnd sage inen/ kerent wider in üwer gezelt Aber du stant hie bi mir vnd ich wil dir sagen/ alle die beuelhunge vnd hochgezit vnd die gerichte die du [a. R. *sie*] leren solt das si es thuon In dem lande/ das ich Inen geben wil ze besitzende/ Harumb [H: 253 rb herumb] behuttent vnd thuont die vch gebotten hat vnser herre got/ Ir sönd üch nit neygen noch zuo der rechten noch zuo der linggen hant/ sunder Ir sönd den weg gan/ den uch gebotten hat/ üwer herre got das Ir lebent/ vnd üch wol si/ vnd das üwer tag gelengert werden in dem lande üwer besitzunge/

C Capitulum vj

DIs sind die gebot vnd die hochgezit vnd die gerichte die mir emphale üwer herre got das ich si üch lerte Vnd sönd si tuon in dem lande/ darinn Ir werdent gande ze besitzende/ das du forchtes dinen herren got/ vnd alle sine gebot vnd buelhunge behaltest/ die ich dir hüte gebüte/ vnd dinen sünen vnd nefen alle tag dines lebendes/ vff [a. R. *das*] dine tage werden gelengert Höre israhel vnd behalt die dir gebüttet der herre/ das dir wol sie/ vnd du me manigualtet [a. R. *werdest*] [H: Vnd üch me manigfaltent] als der herre got diner vetteren [a. R. *dir*] gelobet hat ze gebende ein (**83 rb**) lande/

und wird uns dieses übergrosse Feuer hier fressen? Denn, wenn wir fürderhin unseres Herren Gottes Stimme hören, so werden wir sterben. 26 Was ist alles Fleisch, dass es des lebendigen Gottes Stimme hören soll, der mitten aus dem Feuer redet, und doch leben kann, wie wir gehört haben? 27 Besser, du gehst hinzu und hörst alles, was dir unser Herr Gott sage, und sag es uns, und wie wir es hören, so wollen wir es tun. 28 Da dies unser Herr hörte, sprach er zu mir: Ich habe die Stimme der Worte dieses Volkes gehört, die sie mit mir geredet haben. Sie haben alle Worte wohl geredet. 29 Wer gibt ihnen, dass sie ein solches Gemüt haben, dass sie mich fürchten und meine ganze Botschaft zu allen Zeiten behalten, damit es ihnen und ihren Söhnen ewiglich wohl sei? 30 Darum geh und sag ihnen: Kehrt wieder um in euer Zelt. 31 Aber du steh hier bei mir, und ich will dir alle Befehle und Feiern und die Rechtssatzungen sagen, die du sie lehren sollst, damit sie es tun im Lande, das ich ihnen zum Besitz geben will. 32 Darum behütet und tut, was unser Herr Gott euch geboten hat, und ihr sollt euch nicht abwenden, weder zur rechten noch zur linken Hand, 33 sondern ihr sollt den Weg gehen, den euch unser Herr geboten hat, dass ihr lebet und es euch wohl sei und dass eure Tage verlängert werden in dem Land eures Besitzes.

6,1 Dies sind die Gebote und die Festzeiten und die Rechtssatzungen, die euer Herr mir empfahl, dass ich sie euch lehre. Und ihr sollt sie tun in dem Lande, da hinein ihr gehen werdet, es zu besitzen: 2 dass du fürchtest deinen Herrn Gott, und alle seine Gebote und Befehle haltest, die ich dir heute gebiete und deinen Söhnen und Neffen alle Tage deines Lebens, auf dass deine Tage verlängert werden. 3 Höre Israel und behalte, was dir gebot der Herr, damit es dir wohl sei und du noch mehr dich vermehrest, wie der Herr, der Gott deiner Väter dir gelobt hat, ein Land zu geben,

das hin flüsset von honig vnd von milch Höre israhel/ der herre din got ist ein got/ mynne dinen herren got vs allen dinem hertzen/ vnd vs aller diner sele/ vnd vs aller diner sterckin/ Vnd dise wort sönt sin in dinem hertzen/ die ich dir hüt gebüte vnd solt si sagen dinen sünen/ vnd solt si betrachten/ so du sitzest in dinem huse/ vnd gangest an dem wege/ vnd slaffest/ oder vff standest [H: 254 vb und sloffe an dem wege: Fehler!] vnd bint si zeinem [so geschrieben!] zeichen/ in din hende vnd sie sönt sin/ vnd sönt nit beweget werden vor dinen ougen [Vulgata: et movebuntur inter oculos tuos; der Übersetzer folgt hier der Septuaginta: "werden nicht bewegt", die er vielleicht aus Hieronymus, Kommentar zum Matthäus-Ev., bei Mt 23,8, kannte]/ vnd solt si schriben an dines huses bistelle/ vnd an das überthür

das fliesst von Honig und von Milch. 4 Höre Israel, der Herr, dein Gott ist *ein* Gott. 5 Liebe deinen Herrn Gott aus deinem ganzen Herzen und aus deiner ganzen Seele und aus aller deiner Stärke. 6 Und diese Worte sollen bleiben in deinem Herzen, die ich dir heute gebiete, 7 und du sollst sie deinen Söhnen sagen und sollst sie betrachten, wenn du sitzt in deinem Haus und gehst auf dem Weg und schläfst oder aufstehst. 8 Und binde sie zu einem Zeichen an deine Hände, und sie sollen da sein und nicht bewegt werden vor deinen Augen [vgl. Matth 23,6], 9 und sollst sie schreiben an deines Hauses Türpfosten und an deren Oberschwelle.

2 Sam 7

W: 2769, 139 va - 140 ra [REG II am oberen Rand]
[H: 20, 56 ra - 57 rb]

ℂ Capitulum vii

ES geschach do der küng gesas in sinem hus vnd Im der herre hette geben ruwe allent halbe von allen sinen vienden Do sprach er zuo nathan dem propheten Sihest du nit das ich wone in einem cederbommen men huß vnd das des herren arche/ sie **(139 vb)** geleit In mittel hüten Vnd nathan sprach zuo dem küng/ alles das in dinem hertze ist gang thuo es/ wann der herre ist mit dir. Aber es geschach [a. R. in der nacht; H: fehlt!] des herren rede zu nathan sprechende Gang vnd rede zuo mynem knechte dauid/ dis spricht der herre Solt du mir buwen ein hus Ich wonte doch nit In dem hus/ sider dem tag/ das ich israhel süne vs fürte von dem lande egipti vntz vff disen tag/ Sunder Ich gieng In dem tabernackel vnd gezelte/ durch alle die stette mit den ich gieng zu israhel sünen Han ich echt [W: abgekürzt; H: *icht* oder *echt*: unsicher zu lesen] redende geredt/ zuo einem vs israhel geschlechten dem ich hette gebotten/ das er weydete myn volke israhel sprechende Warumb hast du mir nit ein zederbom hus gebuwen/ Vnd nu dise solt sagen mynem knechte dauid/ Dise spricht der heren herre/ Ich han dich genomen von den weyden/ den sweigen nach ganden das du ein wiser werdest vber myn volk israhel vnd bin In allen dingen mit dir gewesen wo du gienge/ Vnd han alle dine viende vor dinem antlitze erslagen/ vnd habe dir gemachet einen grossen namen nach namen der grossen die vff erden sind/ vnd wil eine stat setzen mit volke israhel vnd wil es planten/ vnd mit Ime wandeln vnd wirt nit fürbas betrübet

2 Sam 7

1 Es geschah, als der König in seinem Hause sass und der
Herr ihm Ruhe gegeben hatte allenthalben von allen seinen
Feinden. 2 Da sprach er zu Nathan, dem Propheten: "Siehst
du nicht, dass ich in einem zederbaumenen Haus wohne, und
des Herren Lade gelegt ist inmitten von Fellen?" 3 Und
Nathan sprach zum König: "Alles, was in deinem Herzen ist,
geh und tu es. Denn der Herr ist mit dir." 4 Aber es geschah
in der Nacht des Herren Rede zu Nathan, sprechend: 5 "Geh
und rede zu meinem Knecht David: Dies spricht der Herr:
Sollst du mir ein Haus bauen? 6 Ich wohnte doch nie in dem
Hause, seit dem Tag, da ich Israels Söhne aus dem Lande
Ägypten führte, bis auf diesen Tag. Sondern ich ging in dem
Tabernakel und Zelt. 7 Durch alle Stätten, auf welche Art ich
ging zu Israels Söhnen, habe ich etwa recht redend geredet zu
einem aus Israels Geschlecht, dem ich hätte geboten, dass er
weidete mein Volk, sprechend: Warum hast du mir nicht ein
zederbaumenes Haus gebaut? 8 Und nun, dies sollst du sagen
meinem Knecht David: Dies spricht der Heere Herr: Ich habe
dich genommen von den Weiden, den Viehherden nachge-
hend, dass du ein Weiser werdest über mein Volk Israel. 9
Und ich bin in allen Dingen mit dir gewesen, wo du gingst,
und habe alle deine Feinde vor deinem Antlitz erschlagen
und habe dir gemacht einen grossen Namen gleich der Gros-
sen, die auf Erden sind. 10 Und ich will eine Stätte setzen
meinem Volk Israel und will es pflanzen und mit ihm wan-
deln und es wird nicht fürderhin betrübt,

noch der vngangkeit süne/ sont nit furbas zu thun/ das si es kestigen als vor/ sider dem tag/ das ich richter habe gesetzet vber myn volke israhel/ vnd wil dir ruwe geben von allen dinen vienden Vnd der herre seite dir vor/ das dir ein hus wil machen der herre/ Wenne vollebrachte sint dine tage vnd schlaffest mit dinen vettern/ so wil ich vff wecken dinen samen nach dir/ der von dinem libe sol vs gan/ vnd wil bestetigen sin künrich Der sol buwen ein hus mynem namen/ vnd ich wil sinen küngstuol bestetten vntz In ewikeit/ Ich wirde Ime ein vater vnd er wirt mir ein sune Würbet er vntz vngangliche/ so wil ich In züchten mit mannen ruten/ vnd mit plagen der menschen sünen Min bermhertzikeit wil ich nit von Im nemen als ich nam von saul den Ich name von mynem antlütz vnd wirt din hus getrüwe vnd din rich vntz ewigklich vor mynem antlütz vnd din kungstul wirt veste stetticlich Nach allen disen worte/ vnd nach aller dieser gesicht/ Also redte nathan zu dauid vnd gieng In/ vnd saß vor dem herren/ vnd sprach der küng/ Wer bin ich herre got vnd **[140 ra]** was ist myn hus das du mich hast geleytet vntz har/ Sunder ouch das ist clein geachtet/ In diner angesicht myne herre got/ du redest denn ouch von dines knechtes hus in die verren lengin Wann dis ist die gesetzede von adam herre got/ was mag denne zu gethun dauid/ daz er zuo dir rede/ wann du weist dinen knechte herre got Vmb din wort vnd nach dinem hertzen hast du getan alle diese grossen wunder also das du bekant machtest dinen knechte Darumb bist du gegrösset herre got/ wann dir ist keiner glich/ Noch ist kein got vswendig dir/ In allen die wir hóren mit unsern oren/ Weles geschlechte ist aber als din volk israhel vff der erden vmb daz got ist komen/ daz er es wider löse im selber ze volke/ vnd das er Ime selber machte einen namen

noch sollen der Bosheit Söhne fürderhin dazutun, dass sie es kasteien wie 11 vor dem Tag, da ich Richter gesetzt habe über mein Volk Israel. Und ich will dir Ruhe geben von all deinen Feinden, und der Herr sagt dir voraus, dass dir ein Haus bauen will der Herr. 12 Und wenn vollbracht sind deine Tage, da du schläfst mit deinen Vätern, so will ich aufwecken deinen Samen nach dir, der von deinem Leibe ausgehen soll. Und ich will bestätigen sein Königreich. 13 Er soll meinem Namen ein Haus bauen, und ich will seinen Königstuhl befestigen bis in Ewigkeit. 14 Ich werde ihm ein Vater und er mir ein Sohn. Würde er sich unterdessen böse benehmen, so will ich ihn züchtigen mit Männerruten und mit Plagen der Menschensöhne. 15 Meine Barmherzigkeit will ich nicht von ihm nehmen, wie ich sie von Saul nahm, den ich von meinem Antlitz nahm. 16 Und dein Königstuhl wird stetiglich fest."

17 Nach all diesen Worten und nach all diesem Gesicht [Vision] redete Nathan zu David. 18 Und [David] ging hinein und sass vor dem Herrn, und der König sprach: "Wer bin ich, Herr Gott, und was ist mein Haus, dass du mich geleitet hast bis hier? 19 Aber auch das ist klein geachtet in deinem Angesicht, mein Herr, du redest ja auch von deines Knechtes Haus in fernen Zeiten. Denn das ist das Gesetz Adams, Herr Gott. 20 Was mag da David dazutun, das er zu dir rede? Denn du kennst deinen Knecht, Herr Gott. 21 Um deines Wortes [willen] und nach deinem Herzen hast du alle diese grossen Wunder getan, so dass du es bekannt machtest deinem Knechte. 22 Darum bist du gross gemacht, Herr Gott, denn dir ist keiner gleich, noch ist kein Gott ausser dir in allem, [was] wir hören mit unseren Ohren. 23 Welches Geschlecht ist aber wie dein Volk Israel auf der Erde, um dessentwillen Gott gekommen ist, dass er es wieder löse ihm selber zum Volk und dass er sich selber einen Namen mache,

vnd das er Inen tete grosse vnd erschreckeliche ding/ vff dem ertriche vor dem antlütze dines volkes/ daz du dir hast erlöst vs egipto/ Ir geschlecht vnd Ir hus/ vnd hast dir bestettet din volke israhel dir zuo ewigem volke Vnd bist du herre Inen worden ein got/ Nu darumb herre got/ daz wort/ das du hast geredt veber dinen knecht vnd vber sin hus/ das erwecke ewiclich/ vnd thuo als du hast geredt/ vnd werde din name gegrösset vntz In ewikeit/ vnd werde gesprochen/ Der heren herre ist got veber israhel vnd wirt dines knechtes hus dauid bestettet vor dem herren/ wan du herre der heren got israhel/ hast entdecket dins knechtes oren sprechende Ein hus wil ich dir buwen Darumb hat din knecht sin hertz funde daz er dich bete dirre bette Nu darumb herre got du bist geweret got [*geweret*: so in Pariser Bibeln 13./14. Jh.]/ vnd dine wort werden war Wann du hast diese gute zuo dinem knecht geredt douon begynne vnd gesegene dines knechtes hus daz er ewiclich sig vor dir/ Wann du herre got hast dise geredt vnd werde mit dinem segene dines knechtes hus gebenediet ewiclich.

und dass er ihnen grosse und schreckliche Dinge täte auf dem Erdreich, vor dem Antlitz deines Volkes, das du dir erlöst hast aus Ägypten, ihr Geschlecht und ihr Haus? 24 Und du hast dir bestätigt dein Volk Israel dir zu ewigem Volk. Und du bist, Herr, ihnen ein Gott geworden. 25 Nun, darum, Herr Gott, das Wort, das du geredet hast über deinen Knecht und über sein Haus, das erwecke ewiglich, und tue wie du geredet hast. 26 Und dein Name werde gross gemacht bis in Ewigkeit. Und es werde gesprochen: Der Heere Herr ist Gott über Israel. Und deines Knechtes Haus David wird bestätigt vor dem Herrn. 27 Denn du Herr, der Heere, Gott Israels hast geöffnet deines Knechtes Ohr, sprechend: Ein Haus will ich dir bauen. Darum hat dein Knecht sich ein Herz gefasst [sein Herz gefunden], dass er dich bitte diese Bitte: 28 Nun darum, Herr Gott, du bist ein wahrhaftiger Gott und deine Worte werden wahr. Denn du hast dieses Gute zu deinem Knechte geredet. 29 Daher beginne und segne deines Knechts Haus, dass er ewiglich sei vor dir. Denn du, Herr Gott, hast dieses geredet. Und mit deinem Segen werde deines Knechts Haus gebenedeiet ewiglich."

Jes 50,1-53,12

W: 2770, 21 ra - 22 vb
[H: 22, 51 rb - 54 va]

Capitulum L.

DIse **S**prechet der herre/ weles ist das buoch üwer muoter vertribenes an dem ich sie habe gelassen. [H: wer ist hie frie von der Schamen uwer muter da mit ich es ließ] Oder wer ist der schuldener [H: myn borger] dem ich habe zuo kouffen geben [H: den ich uch han verkouft]/ Nement war in üweren sünden sind Ir verkouffet/ vnd in üweren missetaten hab ich gelassen üwer muter/ wennde ich bin kumen/ vnd enwas kein man/ Ich rieff vnd enwas nyeman der es horte Ist mynn hant gekürtzet vnd cleine worden also das ich nüt müge erlösen/ oder ist in mir nüt crafft zuo erlösende Nement war mit miner bestraffunge wil ich wüste machen das mer/ ich wil die wasser legen in truckeni vnd sullent die vische fulen/ an wasser/ vnd sullent sterben in turste Ich wil die himele cleiden mit vinsternussen/ vnd wil sie decken mit eim sacke [H: mach einen sack zu irem kleyde] Der herre hat mir ein gelerte zunge [W wiederholt: *zun*] geben das ich künne vff enthalten ginen/ der do gefallen ist/ mit dem wort Er richte vff fruge/ fruge richte er uff mine oren/ das ich In höre als einen meister Der herre got hat mir vff gethan min ore/ Me [H: Sunder] ich widerrede nüt. Ich ging nüt hinder mich/ Ich gap mynen lip die slahenden [H: den slehern]/ vnd mine wangen den den wollenden [H: vnd den zwickerin min huffelin] Min antlütz kert ich nüt von den die mih stroffeten/ vnd an mich spüwetent Der herre got ist myn helffer vnd darumb bin ich nüt geschant Hierumb leite ich myn antlütz als einen hertesten steine vnd ich weis das ich nüt würde geschant/ Er ist nahe bi der mich rechtuertiget wer redet/ wider mich

Jes 50,1-53,12

1 Dies spricht der Herr: Welches ist das Buch eurer zurück-
gewiesenen Mutter, mit dem ich sie entlassen habe? Oder
wer ist der Schuldner, dem ich euch zu kaufen gegeben ha-
be?: wegen eurer Sünden seid ihr verkauft, und wegen eurer
Missetaten habe ich eure Mutter entlassen. 2 Denn ich bin
gekommen, und da war kein Mann, und ich rief und niemand
war, der es hörte. Ist meine Hand kurz gemacht und schwach
geworden, so dass ich nicht erlösen könnte, oder ist in mir
nicht die Kraft zum Erlösen? Nehmt wahr: mit meinem
Schelten will ich das Meer zur Wüste machen, ich will die
Wasser ins Trockene legen, und es sollen die Fische verfau-
len ohne Wasser und sollen an Durst sterben. 3 Ich will die
Himmel mit Finsternis kleiden und will sie zudecken mit
einem Sack. 4 Der Herr hat mir eine gelehrte Zunge gegeben,
dass ich könne emporhalten durch das Wort jenen, der da
gefallen ist. Er richtet mich früh auf, früh richtet er meine
Ohren auf, damit ich ihn höre als einen Meister. 5 Der Herr
Gott hat mir aufgetan mein Ohr, aber ich widerrede nicht. Ich
ging nicht hinter mich [zurück]. 6 Ich gab meinen Leib den
Schlagenden und meine Wangen den Rupfenden. Mein Ant-
litz kehrte ich nicht ab von denen, die mich beschimpften und
mich anspien. 7 Der Herr Gott ist mein Helfer und darum bin
ich nicht geschändet. Darum legte ich mein Antlitz hin wie
einen härtesten Stein, und ich weiss, dass ich nicht geschän-
det wurde. 8 Er ist nahe dabei, der mich rechtfertigt. Wer
redet wider mich?

Standent bieinander wer ist wider mich der gang herzuo mir. Nement war der herre got ist mynn helffer darumbe wer ist der mich verdampne. Nement war sie werdent alle zerknustet als ein cleit [H: gewant] vnd ein milwe wirt sie essende. Weler vs üch ist/ got furchtende vnd horchent die stymme sines knechtes/ Wer hat gewandelt in den vinsternussen vnd ist im kein liecht/ er sol zuuersicht haben in dem namen des herren/ vnd würt geladen vber sinen got/ Nement war Ir entzündent alle das für/ vnd begürtet in den flammen gent in dem liechte üwers fü **(21 rb)** res/ vnd in den flammen die Ir embrant habent üch selber Dis ist üch von myner hant beschehen/ in üweren smertzen süllent Ir schlaffen/

¶ Capitulum Li

HOrchent mich ir die dem noch gent das recht ist/ vnd Ir die den herren suchent Merckent zuo dem steine [H: vels da von Ir gesnitten sint] dannan ir sind vs gehowen/ vnd zuo dem hole der gruoben von der Ir abgehowen ist Merckent zuo Abrahame üwerem vater/ vnd zuo saran/ die uch hat geboren/ wennde ich habe in einigen geruoffet [H: wan ich han in einen geheisse] vnd hab Ine gesegenet/ vnd habe Ine gemanigualtet Heruomb wirt der herre tröstende syon/ vnd würt alle Ir velle tröstende vnd würt Ir wüstenen legende alse wollüstenen/ vnd Ir einoden als des herren garten/ fröud vnd wunne würt dar Inne funden/ vnd das wercke der fröuden/ vnd die stimme des lobes merckent zuo mir mynn volke/ vnd horchent mich mynn geschlechte/ wenn die gesetzede würt vs gende von mir/ vnd mynn gerichte würt ruowende in das liecht der volkenn. [H: ruet an dem liecht der volcker] Min gerechter ist nahe. Mine behalter [H: heiler] ist vs gegangen vnd min arme süllent das volke richtenn Des meres inseln sullent min biten Sie sullent mynen arm vff enthaben vnd tragen/ Hebent vff in den himel uwer ougen/ vnd sehent nider vnder die erden/ die himele werdent zerfliessen als der rouch/

Stehen wir beieinander. Wer ist wider mich? Der gehe her zu mir. 9 Nehmt wahr: der Herr ist mein Helfer, darum: wer ist's, der mich verdamme? Nehmt wahr: sie werden alle zerdrückt wie ein Kleid, und eine Milbe wird sie fressen. 10 Welcher aus euch ist Gott fürchtend und die Stimme seines Knechtes hörend? Wer in den Finsternissen gewandelt und dem kein Licht ist, der soll Zuversicht haben in dem Namen des Herrn und wird gestützt auf seinen Gott. 11 Nehmt wahr: ihr alle, die ihr das Feuer entzündet, geht, umgürtet mit den Flammen, im Lichte eures Feuers und in den Flammen, die ihr euch selber in Brand gesetzt habt. Dies ist euch von meiner Hand geschehen, in euren Schmerzen sollt ihr schlafen.

51,1 Hört mich, ihr, die dem nachgeht, was recht ist, und ihr, die den Herrn fürchtet. 2 Merket euch den Stein, aus dem ihr ausgehauen seid und das Hohle der Grube, aus der ihr gegraben seid. Merkt euch Abraham, euren Vater, und Sara, die euch geboren hat. Denn ihn, den einzigen habe ich gerufen und habe ihn gesegnet und ihn vermehrt. 3 Darum wird der Herr Sion trösten und wird alle ihre Stürze trösten und wird ihre Wüsten wie zu Wollüsten und ihre Einöden wie zu einem Garten des Herrn machen. Freude und Wonne wird darin gefunden werden, und die Vollendung der Freude und die Stimme des Lobes. 4 Merkt auf mich, mein Volk, und hört mich, ihr, mein Geschlecht. Denn die Gesetze werden ausgehen von mir und mein Recht wird ruhen in das Licht über den Völkern. 5 Mein Gerechter ist nahe. Mein Retter ist ausgegangen, und meine Arme sollen die Völker richten. Des Meeres Inseln sollen meiner warten. Sie sollen meinen Arm ruhighalten und tragen. 6 Hebet auf in den Himmel eure Augen und seht hinunter auf die Erde. Die Himmel werden zerfliessen wie der Rauch, vnd wirt daz ertrich zertretten als ein cleyde/ vnd werdent sine wonere erslagen alse dise. Me aber mynn heile wirt ewiclich sinde/ vnd mynn gerechtigkeit gebristet nyemer Horchent mich Ir die das recht künnent Ir volke mynn gesetzede ist in Irin hertzen Nüt enforchte der menschen laster vnd ir schelten solt du nüt förchten/ wenn als ein cleide würt sie ein wurm essende/ vnd alse ein milwe wollen ysset also würt sie ouch die milwe essende [H: Ir fluchen enforchte nit wann su yßt die wurme als das gewant vnd als die milwen das isset die wollen] Me mynn heil würt ewig/ vnd myn gerechtigkeit von ewigkeit in ewigkeite Stant vff/ stande vff becleide dich stercki des herren arme. Stant vff alse in den alten tagen in den geburten der welte Enhast du nüt geschlagen den hoffertigen/ vnd hast gewundet den trachen/ Hast du nüt das mer getruckent vnd des vngestümen abgrundes wasser Der du leitest des meres grunt zuo eim wege das sie dardurch **(21 ra)** giengent/ vnd nu die von dem herren sind erlöst die süllent widerkeren/ vnd süllent komen in syon Lobende/ vnd ewige fröude würt vff Iren houbten sinde/ fröude vnd wunne sullent sie haben vnd sol fliehen smertze vnd süfftzen/ Ich ich selber wil uch tröstende Wer bist du/ das du dich forchtest von ieglichem todtemlichen [H: vor einem tötlichen menschen]/ vnd von des menschen sune der alse howe dorret vnd vergisset des herren dines schöphers der die himele zertenet hat vnd das ertrich gefundieret hat/ vnd du forchtest dich steticlich allen tag von dem antlütze gines tobeheit der dich kestigete vnd sich fleiß dich zu verherende/ Wo ist nu die tobeheit des kestigenden/ Er wil bald komende vff tunde vnd wil nüt erslahen alle/ [H: vnd totend mich bis zu dem uff gange] noch sin brot sol nüt bresten/ Mer ich bin der herre din got das du [das] mer betrubet/ vnd wachsent sine flus/ [H: der das mere betrubt vnd erkomet sine wasser] Der heren herre ist myn name

wie ein Kleid und ihre Bewohner werden erschlagen wie sie. Aber mein Heil wird ewiglich sein und an meiner Gerechtigkeit gebricht es nie. 7 Höret auf mich, ihr, die das Recht kennt, ihr, mein Volk. Mein Gesetz ist in ihren Herzen. Fürchte nicht der Menschen Schimpfen, und ihr Schelten sollst du nicht fürchten. 8 Denn wie ein Kleid wird sie ein Wurm fressen und wie eine Milbe Wolle frisst, so wird die Milbe auch sie fressen. Aber mein Heil wird ewig [bleiben] und meine Gerechtigkeit von Ewigkeit zu Ewigkeit. 9 Steh auf, bekleide dich mit der Stärke des Herren Arms. Steh auf wie in den alten Tagen der Geburten der Welt. Hast du nicht den Hoffärtigen geschlagen und den Drachen verwundet? 10 Hast du nicht das Meer ausgetrocknet und des ungestümen Abgrunds Wasser? Der du des Meeres Grund zu einem Wege machtest, dass da Erlöste durchgingen? 11 Und nun: die vom Herrn erlöst sind, die sollen wiederkehren und sollen lobend nach Sion kommen, und ewige Freude wird auf ihren Häuptern sein, Freude und Wonne sollen sie haben, und Schmerzen und Seufzer sollen entfliehen. 12 Ich, ich selber will euch trösten. Wer bist du, dass du dich fürchtest vor jeglichem Sterblichen [= Lesart Pariserbibel 13. Jh.] und vor dem Menschensohn, der wie Heu verdorrt? 13 Und dass du vergissest den Herrn deinen Schöpfer, der die Himmel ausgedehnt hat und das Erdreich fundiert hat, und du dich stets den ganzen Tag fürchtest vor dem tobenden Antlitz dessen, der dich peinigte und sich befleissigte, dich zu verheeren? Wo ist nun das Toben des Peinigers? 14 Bald wird der kommen, der auftut und nicht alles erschlagen will und an Brot soll es ihm nicht gebrechen. 15 Ich aber bin der Herr, dein Gott, der das Meer trüb macht und dessen Fliessen wachsen lässt, der Heere Herr ist mein Name.

Ich habe myn wort geleit in dinen munde vnd in dem schetten miner hende/ hab ich dich geschirmet/ das du pflantzetest die himel vnd fundierest das ertrich vnd das du sprechest zu syon/ Du bist myn volke/ habe dich vff habe dich vff stand vff iherusalem/ du hast getruncken von des herren den kelch sines zornes vnd hast getruncken bis vff den grunde des kelches des smackes [Variante in V: *saporis*]/ vnd hast Inn vs getruncken bis vff die trusen Es ist nyeman der sie vff enthalte vs allen sünen die sie geboren hat vnd ist nyeman der si bi der hende begriffe/ vs allen sünen die sie gefuoret hat/ Es sind zwei ding/ die dir sind bekomen Wer bezuget vber dich wüstunge/ vnd zerknustunge vnd hunger vnd das swert kumet vber dich Wer wil dich trösten/ dine süne sind hin geworffen Sie hant geschlaffen an aller wegen houbte Alse ein heher in eim stricke/ [H: als ein gebunden tier] als sind sie vol des herren vngnade vnd dines gottes bestraffunge Darumb hore dise du arme vnd du trunckenu/ Aber nüt von wine Dise sprichet din herscher vnd din got der für sin volke gestritten hat. Nym war ich hab vff diner hant genomen/ Den kelch des gesmackes/ den grunt des kelches miner vngnaden Ich wil nut fürbas dar zuo thuon/ das du In nie trenckest Ich wil In legen/ in giner hant/ die dich ha **(21 vb)** bent genydert vnd gedemütet vnd sprachent zu diner sele Kruombe dich daz wir vber dich gangent/ vnd du leitest nyder dien lip als die erde vnd als einen weg den vber genden.

¶ Capitulum Lii

STande vff stand vff cleide dich mit diner stercki syon cleide dich iherusalem mit den cleideren/ diner gunlichi die stat des heiligen/ wennde der vmbesnitten vnd der vnreine [H: wan es geschicht nicht mer das durch dich gee der vnbesnitten vnd der vnreine]

16 Ich habe mein Wort in deinen Mund gelegt und im Schatten meiner Hände habe ich dich beschirmt, auf dass du die Himmel pflanzest und das Erdreich fundierest, und dass du sprechest zu Sion: Du bist mein Volk. 17 Hebe dich auf, hebe dich auf, steh auf Jerusalem! Du hast getrunken von des Herren Kelch des Zornes und hast getrunken bis auf den Grund den Kelch des Geschmackes und hast ihn ausgetrunken bis auf die Hefe. 18 Da ist niemand aus all ihren Söhnen, die sie geboren hat, der sie stützte, und da ist niemand aus all ihren Söhnen, die sie genährt hat, der sie bei der Hand fasste. 19 Es sind zwei Dinge, die dir entgegengekommen sind: Wer überzog dich mit Verwüstung und Zerdrückung und Hunger und Schwert? Wer will dich trösten? 20 Deine Söhne wurden hingeworfen. Sie haben geschlafen an allen Wegkreuzungen wie ein Häher in einem Strick, wie in der Ungnade des Herrn und von Gott gescholten. 21 Darum höre dies, du Arme und du Trunkene, aber nicht vom Wein. 22 Dies spricht dein Herrscher und dein Gott, der für sein Volk gestritten hat. Nimm wahr: ich habe den Kelch des Geschmacks auf deiner Hand genommen, den Grund des Kelchs meiner Ungnaden. Ich will fürderhin nichts dazutun, dass du ihn jemals [wieder] trinkest. 23 Ich will ihn in die Hand jener legen, die dich heruntergemacht haben und zu deiner Seele gesprochen haben: Krümme dich, dass wir über dich gehen, und du machtest gleichsam zur Erde deinen Leib, zu einem Weg denen, die darüber gehen.

52,1 Steh auf und kleide dich mit deiner Stärke, Sion, kleide dich, Jerusalem, mit den Kleidern deiner Herrlichkeit, du Stadt des Heiligen. Denn es geschieht nicht mehr, dass der Unbeschnittene und der Unreine

versuchet nüt fürbas das er durch dich gange Schütte dich vs von dem gestüppe/ vnd von der eschen Stand vff vnd sitze iherusalem briche die bant dines halses/ gefangenu tochter syon Wenn dise sprichet der herre/ vergebene sind ir verkouffet vnd ane silber werdent ir erlöst/ wenne dise sprichet der herre got In egiptum ist abe gegangen myn volke in dem anefange/ darumb daz es do wonete/ vnd ein buman do were/ Vnd assur hat es falschlich betrogen Vnd was ist nu mir sprichet der herre daz mynn volke ist hin genomen vergebene sine herscher hant vnganglich geworben sprichet der herre/ vnd steticlich alle tag würt mynn name gescholten vnd gelützet/ vmb das sol mynn volke wissen minen namen an dem tag/ Nym war das ich selber gegenwertig bin der da redet/ wie schone die füsse sind vff den bergen gines/ der den fride kündet vnd prediet des kündenden/ vnd des predigenden/ das heil/ vnd des sprechenden zuo syon/ Din got sol richsenen/ Diner schower [H: *werter*] stymme/ si habent vff erhaben Ir stymme si süllent miteinander loben. wende von ougen zuo ougen sullen sie sehen wenne got syon bekeret/ fröwent üch vnd lobent miteinander Ir wüsten [H: *die wust*] iherusalem/ wenn der herre hat getröstet sin volke/ Er hat erlost iherusalem/ Der herre hat bereitet sinen heiligen arm in aller heiden ougen/ Alle ende der welt süllent sehen das heil vnsers volkes Gent hin/ gent hin/ gent vs von dannan ir sullent nüt berüren das vervnreinete/ Gent vs von sim mittele Reinigent üch Ir die des herren vesser [H: *gottes vas*] tragent wennd Ir süllent nüt vs gen in wider rede vnd in hoffart/ noch süllent nüt ylen in flüchte/ wennde der herre würt uch vorgende vnd würt zuo eim ander sammende israheles got Nement war myn knecht würt das verstonde/ vnd würt erhöhet vnd **(22 ra)** erhaben vnd wurt gar hohe/ als manige vber in [*in* = Lesart in Pariser Bibel] erschrocken sint [H: erhaben recht als maniger uber dich erschrocken sind]

durch dich gehe. 2 Schüttle dich aus vom Staub und von der Asche. Steh auf und setz dich, Jerusalem, brich die Bande deines Halses, gefangene Tochter Sion. 3 Denn dies spricht der Herr: Umsonst seid ihr verkauft und ohne Silber werdet ihr erlöst. 4 Denn dies spricht der Herr Gott: Nach Ägypten ist mein Volk hinabgegangen, am Anfang, darum, dass es da wohne und ein Bauer wäre, und Assur hat es fälschlich betrogen. 5 Und nun, was ist mir hier, spricht der Herr, dass mein Volk hingenommen worden ist ohne Ursache? Seine Herrscher haben böse getan, spricht der Herr, und stets, den ganzen Tag wurde mein Name gescholten und klein gemacht. 6 Darum soll mein Volk an jenem Tag meinen Namen kennen lernen. Nimm wahr, dass ich, der da redet, selber gegenwärtig bin. 7 Wie schön sind auf den Bergen die Füsse dessen, der den Frieden verkündet und predigt, des das Heil verkündenden und predigenden, des zu Sion sprechenden: Dein Gott soll herrschen! 8 Deiner Späher Stimme! Sie sollen miteinander loben, denn sie sollen sehen von Augen zu Augen, wenn Gott Sion bekehrt. 9 Freut euch und lobt miteinander, ihr Wüsteneien Jerusalems, denn der Herr hat sein Volk getröstet. Er hat Jerusalem erlöst. 10 Der Herr hat seinen heiligen Arm bereit gemacht in den Augen aller Heiden. Alle Enden der Welt sollen sehen das Heil unseres Volkes. 11 Geht weg von hier, geht weg von hier, ihr sollt das Verunreinigte nicht berühren. Geht weg aus seiner Mitte. Reinigt euch, die ihr des Herrn Gefässe tragt. 12 Denn ihr sollt nicht weggehen in Widerrede und Hoffart, noch sollt ihr eilen wie auf der Flucht, denn der Herr wird euch vorangehen und der Gott Israels wird euch zueinander versammeln. 13 Nehmt wahr: Mein Knecht wird verstehen und wird erhöht und erhaben und wird gar hoch. 14 Wie viele über ihn erschrocken sind,

als würt er an lop vnd ere vnder den mannen siner angesicht [Vulgata-Vorlage = gloriosus]/ vnd sine forme/ vnder der menschen sünen/ Er wurt vil heiden bespruwende die küng werden ire munde vber in habende wennde denn nüt von ime geseit ist die sullent In sehen vnd die nüt süllent hören/ die habent Innewendig betrachtet/ [H: wanne von welchem ym nicht ist gesaget die werden ez sehen vnd es nicht haben gehort die werden es gewar]

¶ Capitulum Liij

WEr hat vnser gehörde geloubet/ vnd wem ist der armm des herren geoffembaret/ vnd würt vff gonde vor Ime alse ein rutelin vnd als ein wurtzele vs eim türstenden ertrich/ [H: vnd get vor Im uff als ein summerlant vnd als ein wurtz von der durstenden erden] vnd ist an Im kein schöni noch gezierde [H: hat noch gestalt weder gezierde] vnd wir sahent In vnd was nüt sin angesicht vnd wir habent In begert versmechten/ vnd den Jüngesten der mannen/ den man der smertzen vnd wissende die kranckheit vnd ist sin antlütz als es verborgen sie vnd versmahet Dauon achteten wir In nüt/ Gewerlich vnser suchte leit er vnd vnseren smertzen truog er vnd wir han In geachtet als einen malatz [H: ußsetzigen] vnd als einen geslagenen von got/ vnd als einen gedemüteten Mer er ist verwundet vmb vnser vngangheit/ Er ist zerknustet vmb vnser meintat [H: missetat]/ Die zucht vnsers fride kumet vber ynn/ vnd wir sint von sinem smertzen geheilet/ Wir alle giengent irre alse die schaff Ein iglicher gienge nider in sinen wege / Vnd der herre hat vff in geleit vnser aller vngangheit/ Er ist in den todt geopphert wannd er wolt das/ vnd tet sinen mund nüt vff/ Er wurt als ein schaff gefüret zu der ertöttunge vnd wurt erstumende als ein schaff vor ginem/ der es schiret/ vnd tet nüt vff sinen munde/ von der angest vnd uon dem gerichte ist er hingenomen Wer saget sine geburt/

so wird er an Lob und Ehre sein unter den Männern seines
Angesichts und seine Gestalt unter den Menschensöhnen. 15
Er wird viele Heiden besprengen, die Könige werden ihren
Mund (geschlossen) halten, denn denen nichts von ihm ge-
sagt worden ist, die sollen ihn sehen, und die nichts hören
sollen, die haben ihn inwendig betrachtet.
53,1 Wer hat das von uns Gehörte geglaubt, und wem ist der
Arm des Herrn geoffenbart? 2 Er wird aufgehen wie eine
kleine Rute und wie eine Wurzel aus dürstendem Erdreich,
und es ist an ihm weder Schönheit noch Zierde. Und wir sa-
hen ihn, aber er war kein Anblick, und wir haben begehrt, ihn
gering zu schätzen, 3 den Letzten der Männer, den Mann der
Schmerzen, der Schwäche erfahren hat; und sein Antlitz ist,
als ob es verborgen wäre und verschmäht. Darum achteten
wir ihn nicht. 4 Wahrlich, unsere Krankheiten litt er und un-
sere Schmerzen trug er, und wir erachteten ihn als einen Aus-
sätzigen und als einen von Gott Geschlagenen und als einen
Gedemütigten. 5 Aber er ist verwundet wegen unserer Bos-
heit, zerquetscht wegen unserer Missetat. Um unseres Frie-
dens willen kommt die Züchtigung über ihn, und wir sind
geheilt durch seine Schmerzen. 6 Wir alle gingen irre wie die
Schafe, ein jeglicher ging unter auf seinem Weg. Und der
Herr hat auf ihn unser aller böses Tun gelegt. 7 Er ist in den
Tod geopfert, weil er das wollte. Und er tat seinen Mund
nicht auf. Er wurde wie ein Schaf zur Tötung geführt und
verstummte wie ein Schaf vor jenem, der es schert, und tat
seinen Mund nicht auf. 8 Aus der Angst und aus dem Gericht
ist er weggenommen. Wer sagt seine Geburt?

wenne er ist ab gesnitten von der erde der lebenden vmb die meintat mynes volkes Habe ich in geschlagen/ vnd er würt die vnmilten geben in begrebede [H: er git die vnkunstigen vmb die begrebnisse] vnd die richen für sinen tod/ wand er nut vngangheit hat getan/ vnd noch kein truegen [H: vntruw] in sinem munde ist funden/ Vnd der herre wolte In zerknusten in der krangheite vnd er würt setzen sin sele fur die sünde [Wortfolge entspricht den Pariser Bibeln] So würt er sehende den langwiriges geschlechte vnd wirt des herren wille gerichtet in siner hant/ Darumb das sin sele hat gearbeitet/ so würt sie sehende **(22 rb)** vnd würt gesattet/ in siner kunst wirt er rechtuertigende der gerechte myn knecht wirt maniger/ vnd Ir vngangheit tragende darumb wil ich Im manige teilen/ vnd der starcken roup sol er teilen/ Darumb wann er sin sele in den tod hat geben/ vnd nüt den meintetigen geachtet vnd das er manige sünde tragen hat/ vnd für die gebot brecher hat er gebetten //

Denn er ist abgeschnitten von der Erde der Lebenden, wegen
der Missetat meines Volkes habe ich ihn geschlagen. 9 Er
wird die Gottlosen in das Begräbnis und die Reichen für seinen Tod geben, darum dass er kein Verbrechen getan hat und kein Trug in seinem Mund gefunden worden ist. 10 Und
der Herr wollte ihn zerdrücken in der Schwäche. Und er wird setzen seine Seele für die Sünde. So wird er ein langdauerndes Geschlecht sehen, und des Herrn Wille wird durch seine Hand ausgerichtet werden. 11 Darum dass seine Seele
gearbeitet hat, wird sie sehen und wird gesättigt. In seiner Kenntnis wird er gerecht machen, der Gerechte, mein Knecht, viele, und ihre Missetaten tragen. 12 Darum will ich
ihm viele zuteilen, und er wird die Beute der Starken verteilen. Denn er hat seine Seele in den Tod gegeben und sich der Missetäter nicht geachtet, und er hat die Sünden vieler getragen und hat für die Gebotsbrecher gebetet.

Jer 31,15-32,15

W: 2770, 42 ra, Z 12 v. oben - 42 vb
[H: 22, 114 vb - 118 rb]

Diese sprichet der herre/ In der höchti ist ein stymme gehört clagendes/ vnd weinendes vnd hülendes/ vnd rachel weinendes Ir süne/ vnd nüt wil getröstet werden vber sie/ wennd sie nüt sind/ [H: vnd wolt von in nicht getrost werden wan sie sint ir nicht] Diese sprichet der herre Din stymme ruowe/ von dem weinende vnd din ougen ruowen von den trehene Wenn dir würt dines werckes lone [H: wann es ist der lone dines werckes sprichet got vnd kumen die süne zu irem erbe Ich was horend vnd horte effraym uber farend: der Schreiber von H sprang von *vnd kumen* in V. 16 nach *vnd kumen* in V. 17] sprichet der herre/ vnd würt wider komende von des vigendes lande vnd ist zuoversicht In dinen iungesten sprichet der herre/ vnd werdent die süne wider kerende zuo Ir enden Hörende hab ich gehöret effraym hinfürende/ Du hast yn gekeste got/ vnd ich bin geleret/ als ein vngezameter stiere [= Vulgata: *invenculus*] [H: Du hast mich gekestiget vnd bin witzig worden als ein vnzempter Jungeling [= Variante: *iuvencus*]] Bekere mich vnd ich würde bekeret wenn du bist myn herre got/ wenn sider daz du mich hest bekeret so habe ich gerüwet/ Vnd sider das du mir zougetest/ so habe ich geschlagen myne hüffen Ich bin geschant vnd hab mich erschamet/ wennde ich habe erlittenn vnere oder laster myner vigende [Verschreibung für *ivgende*]. Ist mir effraym ein erwürdiger sune/ ob er ein zartes kinde ist/ wennde sider ich von Im geredet habe/ so wil ich sin noch gedencken [H: Ich wart geschent vnd schent mich wann ich lede laster in myner Jugent ob mir effraym ist ein erlicher sun vnd ein zartes kind wan ich sider han geret von ym so gedenck ich sin noch]/

Jer 31,15-32,15

15 Dies spricht der Herr: In der Höhe wird eine Stimme des
Klagens und Weinens und Heulens gehört, Rahel weint um
ihre Söhne und will nicht getröstet werden, denn sie sind
nicht mehr. 16 Dies spricht der Herr: Deine Stimme soll ru-
hen vom Weinen und deine Augen von den Tränen. Denn es
wird dir der Lohn deines Werkes gegeben, spricht der Herr,
und die Söhne werden zurückkommen aus der Feinde Land,
17 und es ist Zuversicht für deine Jüngsten, spricht der Herr.
Und deine Söhne werden zurückkehren zu ihren Grenzen. 18
Hörend habe ich Efraim gehört, da es fortzog. Du hast es
gezüchtigt, Gott, und ich bin belehrt worden wie ein unge-
zähmter Stier. Bekehre mich, und ich werde bekehrt, denn du
bist mein Herr Gott. 19 Denn seit du mich bekehrt hast, habe
ich bereut, und seit du mir's gezeigt hast, habe ich auf meine
Hüften geschlagen. Ich bin beschämt, und ich habe mich ge-
schämt, denn ich habe Unehre oder Laster [vom Übersetzer
zur Wahl gestellte Wiedergabe!] von meiner Jugend erlitten.
Ist mir Effraim nicht ein ehrwürdiger Sohn, ist er mir nicht
ein zartes Kind? Denn seit ich von ihm geredet habe, so will
ich seiner immer noch gedenken.

Darumb sind betrübet myn adern vber in erbarmende wil ich mich sin erbarmen sprichet der herre/ Mache dir ein hole [= Variante in V: *speluncam*] lege dir bitterkeit/ [H: Setze dir einen spiegel [= Vulgata] vnd nym in dich bitterkeit leit din hertz in das rechten weg] Richte din hertze in den rechten wege an dem du bist gangen kere wider maget israhel kere wider in dine stette/ wie lang wilt du sin verlassen vnd vnküsche in den wollüstinen/ Du farende vnstete tochter/ wennd der herre hat ein nüowes geschaffen vff das ertrich/ Ein frowe wurt vmbegende [Verschreibung für *umgebende*] einen man [H: ein wip vmb git einen man] Diese sprichet der herre der heren israhels got/ Noch werden sie dis wort sprechende in dem lande Juda vnd in sinenn stetten/ wenn ich bekere Ir gefencknüsse Der herre gesegen dich schöni der gerechtekeit heiliger berge/ vnd werdent darvffe wonende Judas vnd alle sine stette mit/ einander Die ackerlüte/ vnd die die herten **(47 rb)** tribent/ wennde ich habe die müden sele truncken gemachet vnd iegliche hungerende sele hab ich gesattet. Darumb bin Ich als von eim schlaff erwecket vnd habe gesehen/ vnd myn slaffe ist mir süsse Nement war die tag koment das ich/ das ich [Fehler: zweimal dasselbe geschrieben] würde segende israhels hus/ Juda hus mit menschen samen/ vnd mit der vihen samen/ vnd als ich wachete vber sie das ich sie us ruote/ vnd zerfürte/ vnd zerzarte vnd von einander zerzarte vnd kestegete/ also wil ich wachen vber sie das ich sie buwe vnd pflantze sprichet der herre In den tage sprechent sie nüt me/ die vetter azent ein bitter trübelkoren vnd der sünen zenen sind erschrocken Me ein iglicher würt in siner vngankeit [H: bosheit] sterbenden/ Ein yglicher mensch der ein bitter trübel koren esset/ des zene erschrecken/ Nement war die tag koment/ sprichet der herre/ vnd ich wil slahen mit israhels hus vnd Juda huß eine nüwe gelübede nüt nach dem gedinge das ich mit üweren vetteren habe gedinget/

Darum sind meine Adern wegen ihm betrübt. Erbarmend will ich mich seiner erbarmen, spricht der Herr. 21 Mache dir eine Höhle, leg dir Bitterkeit hin, richte dein Herz auf den rechten Weg, auf dem du gegangen bist, kehre zurück, Jungfrau Israel, kehre zurück zu deinen Städten. 22 Wie lange willst du sie verlassen und unkeusch sein in den Wollüsten, du fahrende, unstete Tochter? Denn der Herr hat Neues geschaffen auf dem Erdreich: Eine Frau wird einen Mann umschliessen. 23 Dies spricht der Herr der Heere, Israels Gott: Noch werden sie dieses Wort im Lande Juda sprechen, in dessen Städten, wenn ich ihre Gefangenschaft umkehre: Der Herr segne dich, du Schönheit der Gerechtigkeit, heiliger Berg! 24 Und wohnen werden darauf Juda und seine Städte miteinander, die Ackerleute und die Herdentreiber, 25 denn ich habe die müden Seelen trunken gemacht und jegliche hungernde Seele gesättigt. 26 Darum bin ich wie einer, der vom Schlaf erweckt ist und schaute, und mein Schlaf war mir süss. 27 Nehmt wahr, die Tage kommen, da werde ich Israels Haus, Judas Haus, segnen mit Samen von Menschen und mit Samen des Viehs. 28 Und wie ich über sie wachte, dass ich sie ausrottete und vertilgte und zerzerrte und auseinanderzerrte und züchtigte, so will ich über sie wachen, um sie zu bauen und zu pflanzen, spricht der Herr. 29 In jenen Tagen sprechen sie nicht mehr: Die Väter assen bittere Traubenbeeren und der Söhne Zähne sind erschrocken. 30 Sondern ein jeglicher wird in seiner Ungerechtigkeit sterben. Ein jeglicher Mensch, der eine bittere Traubenbeere isst, dessen Zähne erschrecken. 31 Nehmt wahr, die Tage kommen, spricht der Herr, und ich will mit Israels Haus und Judas Haus ein neues Gelübde handschlagen, 32 nicht nach dem Bund, den ich mit euren Vätern geschlossen habe

des tages/ do ich Ir hande begreiff das ich sie fürte vs egipten lande das gedinge das si vppig machtent vnd ich habe geherschet vber sie sprichet der herre/ vnd das würt das gedinge das ich mit israhels schlahen wil/ Der herre sprichet nach den tagen/ so wil ich myn gesetzede geben In Ir aderen/ vnd wil sie schriben in Ir hertze vnd ich würde Ir got/ vnd sie werdent myn volke/ vnd werdent nüt me lerende ein yeglich man sinen nechsten/ vnd ein man sinen bruder sprechende/ kenne den herren wenn sie werden mich alle bekennende von dem mynsten vnder Ine/ biz zuo dem grösten sprichet der herre/ wend ich würde gnedig Ir vngangkeit/ vnd wil nüt me gedencken Ir sünden/ Dis sprichet der herre der die sunnen git in liecht des tages vnd die ordenunge des manen/ vnd der sternen/ in der nacht liecht der das mer betrübet vnd donet sine vnden/ [H: vnd hellend sine susse; et sonant fluctus ejus] Der herre der heren ist sin name/ Ob die gesetzede gebrest vor mir sprichet der herre/ so wirt ouch israheles geschlechte gebrestende/ also das kein geschlechte vor mir sige alle tag sprichet der herre/ Mügent gemessen werden die himele von oben an harabe/ vnd des ertriches fundament nideden ergründet vnd ich wil hinwerffen israheles samen mitein (**47 va**) der vmb alle die sie hant getan [H: so erwurff ich alles geslechte von israhel vmb als das sie haben getan spricht got] sprichet der herre/ Sehent die tag koment sprichet der herre vnd würt dem herren gebuwen ein stat/ von dem turne ananeel bis zuo des winkeles porten/ vnd würt vs gende vber der massen tage in siner angesicht vff den buhel gareb [H: vnd get uß uber das ziel sines masses an siner beschende vber den velsen gareb]/ vnd würt vmbegebende goatha [H: Ebatha]/ vnd alles tal der toten lichnamen/ vnd die eschen [H: vnd allen graben des ases vnd des aschen]/ vnd alles rich des todtes/ bis zuo dem wasser. Zedron/ vnd bis zuo dem winckel der rozsen porten [H: der pherde tor].

an jenem Tag, da ich ihre Hand ergriff, dass ich sie aus dem
Land Ägypten führte, den Bund, den sie zunichte machten
und ich doch über sie geherrscht habe, spricht der Herr. 33
Und das wird der Bund sein, den ich mit Israels Haus hand-
schlagen will, der Herr spricht, nach jenen Tagen: So will ich
mein Gesetz in ihre Adern geben und will es in ihr Herz
schreiben und werde ihr Gott sein und sie werden mein Volk
sein.
34 Und nicht mehr wird ein Mann seinen Nächsten und ein
Mann seinen Bruder lehren, sprechend: Erkenne den Herrn.
Denn sie alle werden mich erkennen, vom Mindesten unter
ihnen bis zum Grössten, spricht der Herr. Denn ich werde
gnädig sein ihrer Bosheit und ihrer Sünden nicht mehr ge-
denken.
35 Dies spricht der Herr, der die Sonne gibt zu Licht des Ta-
ges und die Ordnung des Mondes und der Sterne zum Licht
der Nacht, der das Meer aufrührt, dass dessen Wellen tönen
[H: und hallt sein Sausen], der Herr der Heere ist sein Name.
36 Wenn die Gesetze vor mir vergehen, sodass für alle Tage
kein Geschlecht vor mir sei. 37 So spricht der Herr: Wenn
die Himmel von oben an herab vermessen werden können
und des Erdreichs Fundament unten ergründet, dann will ich
Israels Samen miteinander verwerfen, um alles dessen, was
sie getan haben, spricht der Herr.
38 Seht, die Tage kommen, spricht der Herr, da wird dem
Herrn eine Stadt gebaut, vom Turm Ananeel bis zum Ecktor,
39 und [die Stadt] wird ausgehen übeer die Masse der Tage
[vielleicht: *nach vielen* Tagen; wahrscheinlich verderbte Les-
art in der Handschrift] in seinem Angesicht [d.h. in Gottes
Angesicht] bis auf den Bühl Gareb und wird um Goatha
herumgehen, 40 und [um] das ganze Tal der toten Leiber und
die Asche und das ganze Reich des Todes bis zu dem Wasser
Zedron und bis zur Ecke des Rosstores

der sunnen vff ganges [H: von osten]/ würt des herren heiliges nüt vs geruttet vnd würt nüt me ewiclich zerstöret

Capitulum xxxii

DAs wort das bescheen ist zue Iheremia von dem herren in dem zehenden Iar/ sedechie des künges Iuda das ist das achtzehende Jar nabuchodonosor do besaß das here des künges babilonis iherusalem vnd was iheremias der wissage beschlossen in dem houe des kercheres der in dem huse was des künges Juda Wenn der küng Juda sedechias hatte In beslossen sprechende Warumb wissagest du sagende/ Dise sprichet der herre Nemet war ich wil dise stat geben/ in die hende des künges babilonis/ vnd der würt sie vahende/ vnd der küng Juda Sedechias enmag nüt hin komen von der hant/ vnd von dem gewalt chaldeorum/ me er würt hin geben in die hende/ des künges babilonis vnd sine munde wurt redende/ mit sinem munde vnd werdent sine ougen genes ougen sehende/ [H: vnd sin ougen die sehen ir ougen] vnd würt sedechiam fürende in babilon vnd sol da sin/ bis daz ich Ine visietiere [H: biß daz ich in versuch] sprichet der herre. Ist aber das Ir stritent/ wider chaldeos/ so werdent ir nüt glückehafftes habende/ vnd Iheremias seite/ Des herren wort ist beschehen zuo mir sprechende Sich ananeel sellum sune dines vetteren sun würt komende zuo dir sprechende/ kouff dir mynen acker der In anathoth ist wende es füget dir wol von der nehi daz du In kouffest/ vnd kume zuo mir ananeel mynes vetteren sun nach des herren wort in den furhoue des kerkers vnd sprach zuo mir besitze mynen acker der In anathoth ist in benyamyn land wenne füget dir das erbe/ vnd bist ouch der neher das du Ine besitzest aber ich verstunde/ daz es des herren wort waz vnd kouffte den acker/ von ananeel **(47 vb)** mines vetteren sun der in anathot ist Vnd ich wag Im selber siben vnzen vnd zehen silberine/ vnd beschreib das an ein buoch vnd beschlos vnd besigelte es/

gegen Sonnenaufgang. Das Heiligtum des Herrn wird nicht ausgerottet und wird ewiglich nicht mehr zerstört werden.
32,1 Das Wort, das geschehen ist zu Jeremia vom Herrn im zehnten Jahr Sedechias, des Königs von Juda, es ist das achtzehnte Jahr Nabuchadonosors, 2 da belagerte das Heer des Königs von Babylon Jerusalem, und Jeremias, der Prophet, war eingeschlossen im Vorhof des Kerkers, der im Haus des Königs von Juda war. 3 Denn der König von Juda, Sedechias, hatte ihn eingeschlossen, sprechend: Warum weissagst du: Dies spricht der Herr: Nehmt wahr, ich will diese Stadt in die Hände des Königs von Babylon geben, und dieser wird sie gefangen nehmen, 4 und der König von Juda, Sedechias, kann der Hand und der Gewalt der Chaldäer nicht entkommen, sondern er wird in die Hände des Königs von Babylon gegeben, und sein Mund wird mit seinem Mund reden und seine Augen werden jenes Augen sehen. 5 Und er wird Sedechias nach Babylon führen und er wird dort sein, bis dass ich nach ihm sehe, spricht der Herr. Ist es aber so, dass ihr wider die Chaldäer kämpft, so werdet ihr nichts Glückhaftes haben.
6 Und Jeremias sagte: Des Herren Wort ist geschehen zu mir sprechend: 7 Siehe, Ananeel, Sellums Sohn, deines Vetters Sohn, wird zu dir kommen und sprechen: Kaufe dir meinen Acker, der in Anathoth ist, denn es fügt sich wohl von der Nähe [der Verwandtschaft], dass du ihn kaufest. 8 Und es kam Ananeel, meines Vetters Sohn zu mir, nach des Herren Wort, in den Vorhof des Kerkers und sprach zu mir: Besitze meinen Acker, der in Anathoth ist im Lande Benjamin, denn das Erbe ist dir angemessen, und du bist auch der Nächste, dass du ihn besitzest. Ich aber verstand, dass es des Herren Wort war. 9 Und ich kaufte den Acker von Ananeel, meines Vetters Sohn, der in Anathoth ist. Und ich wog ihm selber sieben Unzen und zehn Silberne 10 und schrieb das in ein Buch und verschloss und versiegelte es

vnd gab gezüge vnd wag das silber vff einer wag/ vnd nam buoch der besitzunge/ also beschlossen vnd besigelt vnd des kouffes wort frage vnd antwurte vnd die gezüge angeschriben/ vnd Ir Insigel ußwendig/ vnd gab daz buoch der besitzunge Baruch/ neri sune maasie sunes/ in angesicht ananeel mines vetteren sunes vnd In angesichte der gezügen/ die an dem buoch geschriben warent/ vnd in angesichte aller der Juden/ die in dem houe des kerkers sassent/ vnd ich gebot baruch sprechende vor yn dis sprichet der herre der heren israhels got/ Nym hin dise buoch des kouffes vnd dis offene buoche vnd leg sie in ein Irdines vas das sie mugent weren/ vnd beliben manigen tag Wenn der heren herre israhels got sprich dis/ hüser vnd ackere vnd wingarten sullent noch besessen werden in disem lande

und nahm Zeugen dazu und wog das Silber auf einer Wage.
11 Und ich nahm das Buch der Erwerbung, so verschlossen
und versiegelt, und die Urkunde des Kaufes, Fragen und Antworten, und die Zeugen angeschrieben und ihre Siegel aussen
angebracht, 12 und gab das Buch der Erwerbung Baruch,
Neris Sohn, des Sohnes Maasias, im Angesicht Ananeels, meines Vetters Sohnes, und im Angesicht der Zeugen, die im Buch geschrieben waren, und im Angesicht aller Juden, die
im Vorhof des Kerkers sassen. 13 Und ich gebot Baruch,
sprechend vor ihnen: 14 Dieses spricht der Herr der Heere,
Israels Gott: Nimm hin dieses Buch des Kaufes und dieses offene Buch und lege sie in ein irdenes Gefäss, dass sie viele
Tage währen können. 15 Denn der Herr der Heere, Israels
Gott, spricht dies: Häuser und Äcker und Weingärten sollen noch besessen werden in diesem Land.

Ps 33

W: 2769, 256 vb - 257 ra
[H: 21, 163 v - 164 r]

Ein Psalm David ¶ Exultate iusti in domino **xxxij**
JR gerechten fröwent üch springende in dem herren [diese Lesart enthält eine Anleihe aus dem Psalter von Rom, dem *Psalterium Romanum*: *gaudete, freut euch*, und eine Umstellung der Satzteile]/ den schlechten gezimet mit lobunge/ **B**eichent dem herren in harphen/ singent ime springende mit einer rotten zehen seiten/ **S**ingent **(157 ra)** im einen nüwen sang/ springende singent ime wol mit stimmunge. **W**ende des herren wort ist schlecht/ vnd alle sine wercke sind in trüwe **E**r mynnet barmhertzikeit vnd vrteile/ von des herren barmhertzikeit ist das ertrich vol/ **M**it des herren worte sind die himele bestetet vnd mit dem geist oder winde sines mundes all Ir craffte oder tugende./ **E**r ist des meres wasser samenende als in ein fleschschen/ er ist die abgründe legende in sine schetzen **A**lles ertrich fürchte den herren/ me alle Innwonenden den vmbekreiß erzitteren von ime/ **D**auon das er hette gesprochen/ vnd all ding sind worden/ er hies/ vnd alle ding sind geschaffen/ **D**er herre zerbrichet der geburten rette/ me er verwürffet der volken gedencke/ vnd verwürffet der fürsten rette **Me** des herren rat belibet ewigklich/ sines hertzen gedencke belibent von geburte in geburt/ **S**elig ist die geburt der herre ir got ist/ selig ist das volke das er hette vserwelet im selber zuo erbe/ **V**on himele het der herre geluoget er hett gesehen alle süne der menschen **A**b siner bereiten wonnunge hett er vber alles geluoget/ die vff ertrich wonent/ **D**er ir hertzen sunderliche het gestifftet oder gemacht/ der alle ir wercke verstet/ **D**er küng würt nüt durch vil craffte behalten/ vnd ein rise würt nüt behalten/

Ps 33

1 Ihr Gerechten, freut euch tanzend im Herrn! Den Aufrich-
tigen ziemt Lobpreisung. 2 Bekennt den Herrn mit Harfen,
singt ihm tanzend mit einer Reihe von zehn Saiten! 3 Singt
ihm einen neuen Gesang, tanzend singt ihm schön! 4 Denn
des Herren Wort ist aufrichtig, und alle seine Werke sind in
Treue. 5 Er liebt Barmherzigkeit und Rechtsprechung. Von
des Herrn Barmherzigkeit ist das Erdreich voll. 6 Mit des
Herrn Wort sind die Himmel festgemacht, und mit dem Geist
oder dem Wind seines Mundes all ihre Kraft oder Tüchtig-
keit. 7 Er ist des Meeres Wasser sammelnd wie in einer Fla-
sche; er ist die Abgründe legtend in seine Schatzkammer. 8
Alles Erdreich fürchte den Herrn, mehr noch: alle Bewohner
des Erdreichs sollen erzittern vor ihm. 9 Denn er hat gespro-
chen, und alle Dinge sind geworden, er befahl, und alle Din-
ge wurden geschaffen. 10 Der Herr zerbricht die Ratschläge
der Geschlechter, und er verwirft die Gedanken der Völker
und verwirft die Ratschläge der Fürsten. 11 Aber des Herrn
Rat bleibt ewiglich, seines Herzens Gedanken bleiben von
Geschlecht zu Geschlecht.
12 Selig das Geschlecht, dessen Herr ihr Gott ist, selig ist das
Volk, das er auserwählt hat für sich selber zum Erbe. 13 Vom
Himmel hat der Herr geschaut, er hat gesehen alle Söhne der
Menschen. 14 Von seiner bereiteten Wohnung hat er über al-
les geschaut, was auf dem Erdreich wohnt. 15 Er, der ihre
Herzen einzeln hat gestiftet oder gemacht, der alle ihre Wer-
ke versteht. 16 Der König wird nicht durch viel Kraft erhal-
ten, und ein Riese wird nicht erhalten

in manigualtikeite siner creffte [H: Der trugenhaffte gliche zu heile oder selikeite enwint doch in richheite siner tugende oder krafft nit behalten oder beschirmet. Hier korrigiert der Schreiber seine Lesart.] **D**as roß ist trugenhaffte zu heyle [hier hat der Schreiber seine Lesart korrigiert] oder seiligkeite/ enwürt doch in richeite siner tugende oder kreffte nüt behalten oder beschirmet. **S**echt des herren ougen sint vber die in sint fürchtende/ vnd in den die vber sine barmhertzikeit hant zuuersicht **D**as er von dem todt ledige ir selen/ vnd das er sie in hunger fuore **M**e vnser sele beitet des herren/ dauon das er vnser helffer vnd vnser schirmer ist **W**enn in ime sol vnser hertze inwendig erfröwet werden/ vnd in sinen heiligen namen hand wir zuuersicht gehebet/ **H**err werde din barmhertzikeit vber vns/ als wir in dich hant zuuersicht gehebet/

in der Mannigfaltigkeit seiner Kräfte. 17 Das Ross ist trügerisch für das Heil oder für die Seligkeit, man wird doch nicht im Reichtum seiner Tüchtigkeit oder seiner Kräfte erhalten oder beschirmt. 18 Seht, des Herren Augen sind über die, die ihn fürchten und über die, die in seine Barmherzigkeit Zuversicht haben, 19 dass er vom Tod befreie ihre Seelen und dass er sie im Hunger ernähre. 20 Aber unsere Seele wartet auf den Herrn, da er unser Helfer und unser Schirmer ist. 21 Denn in ihm soll unser Herz im Innern erfreut werden, und in seinen heiligen Namen haben wir Zuversicht gehabt. 22 Herr, werde deine Barmherzigkeit über uns, wie wir in dich unsere Zuversicht gehabt haben.

Nachtrag

Auf fol 256 vb, auf dem untern Rand unter V. 1-3 hat eine andere Hand drei Zeilen hinzugefügt. Sie lauten: *Fröwent uch in dem herrn und mit springenden fröwent uch ir gerechten/ und werdent geerte alle rechte hertzen.*

Das ist eine Variante von V. 1 in der verdoppelten Form *gaudete in Domino et exultate, gaudete iusti* [= freut euch im Herrn und jubelt und freut euch, ihre Gerechten, und werdet geehrt, ihr rechten Herzen].

Prov 29,1-30,33

W: 2769, 294 va - 295 rb
[H: 21, 272 va - 275 ra]

D E m ¶ Capitulum xxviiii

manne der mit herter halsadern versmahet den/ der in straffet/ vber den sol komen gehe verderben/ vnd gesuntheit sol im nüt volgen In menigueltikeit der gerechten würt sich fröwende das volke Wann die vnmilten das fürstenthuom enphahent so würt sufftzende daz volke/ Der man der wißheit mynnet der machet froe sinen vater Der aber fuoret ein böse fröwelin ein leckerin der verlüret sin guot [Vulgata: qui autem nutrit scorta perdet substantiam] Der gerechte küng machet oder buwet das lande/ Der geitig man zerstöret es/ Ein mensch der mit zarten vnd mit gifftigen [H: gesafften; güftec *prahlend*] wort redet mit sinem fründe der zerspreitet ein netze sinen gengen/ Der einem schalkechten manne nach get/ der würt der stricke bewindende/ vnd der gerechte würt gelobet vnd fröwet sich Der gerechte kennet der armen sachen Der vnmilte kan nüt kunst/ freismütige menschen zerbrechent die stat aber die wisen kerent abe tobheit oder zorne/ krieget der wise man mit dem tuomben er zürne [V: erzürne] oder er lache/ so vindet er kein ruwe/ Die manne des bluotes oder die manne der sünden hant gehassent den einueltigen/ Aber die gerechten suochent sine sele/ Der tuombe fürbringet allen sinen muot Me der wise verzühet oder slecht vff/ vnd gehaltet ein teil/ bis darnach/ Der fürste der gerne höret wort der luogen/ der hett alle vnmilte dienere/ Der arme/ vnd (**294 vb**) der dem man schuldig ist/ sind wider einander bekomen ir yewederes erlüchter ist der herre Der künge der die armen in warheit richtet oder vrteilet/ des küngstuol würt eweclich bestetet/ Die ruote vnd die züchteguonge gebent wißheit

Prov 29,1-30,33

29,1 Ein Mann mit harter Halsader, der den verachtet, der ihn tadelt, über den soll jähes Verderben kommen und Gesundheit soll ihm nicht folgen. 2 Über die grosse Zahl der Gerechten wird sich das Volk freuen; wenn die Ungerechten die Herrschaft empfangen, so wird das Volk seufzen. 3 Der Mann, der die Weisheit liebt, macht seinen Vater froh. Wer aber eine böse Hure, eine Schmarotzerin ernährt, der verliert sein Gut. 4 Der gerechte König baut das Land auf, der geizige Mann zerstört es. 5 Ein Mensch, der mit einschmeichelnden und mit prahlenden Worten mit seinem Freund redet, der breitet seinen Schritten ein Netz aus. 6 Wer einem bösen Mann nachgeht, den wird der Strick fesseln; der Gerechte wird gelobt und freut sich. 7 Der Gerechte kennt der Armen Sache, der Ungerechte hat keine Kenntnis. 8 Verbrecherische Menschen entzweien die Stadt, die Weisen aber wenden ab Wut oder Zorn. 9 Streitet der weise Mann mit dem Toren, zürne er oder lache er, er findet keine Ruhe. 10 Die Männer des Blutes oder die Männer der Sünde haben den Einfältigen gehasst, aber die Gerechten suchen seine Seele. 11 Der Tor bringt all seinen Trotz heraus, aber der Weise verzögert oder schiebt auf und behält einen Teil zurück bis nachher. 12 Der Fürst, der gern Lügenworte hört, hat alle Ungerechten zu Dienern. 13 Der Arme und der dem Mann schuldig ist, sind einander begegnet, ihrer beider Erleuchter ist der Herr. 14 Der König, der die Armen in Wahrheit richtet oder beurteilt, dessen Königsstuhl wird ewiglich gefestigt sein. 15 Die Rute und die Züchtigung geben Weisheit.

Aber das kinde das man sin selbes willent lat/ das geschendet siene muter/ In menigueltigkeit der vnmilten werdent sünde gemenigueltet/ vnd die gerechten süllent der vnmilten velle sehent/ vnderwise dinen sune/ so würt er dich erkülende/ vnd würt gebende diner selen wollust/ wanne: – die prophecie oder lere – [vom Schreiber eingerahmt mit Korrekturzeichen: –] gebristet/ so würt das volke zerbrochen/ aber der hüttet der gsetzede der ist selig Der knechte mag nüt mit worten vnderwiset werden/ wenne das du seiest das verstet er/ me er versmahet zu entwürtende. Hest du gesehen den menschen der snelle ist zu reden tumheit ist me zu getruwende/ denne des züchtegunge [nach Vorlage von Pariser Bibeln: Lesart mit *stultitia* Nominativ und *correctio*, Besserung, Züchtigung]/ Were von kintheit zarteliche zühet sinen knecht/ der würt ine darnach freuel bevunden Der zoren mütige man wecket krieg/ vnd der zu vnwirschenden lichte bewegelich ist/ der würt och zuo sünden geneigiger/ Dem hoffertigen get demutigkeit nach vnd den demütigen an dem geiste oder willen/ dem sol fröude oder ere empfahen Der mit dem tiebe teilhaft ist der hasset sine sele/ Er höret den beswerenden/ vnd zöuget nüt/ wer einen menschen fürchtet/ Der würt balde fallende/ Wer zuuersicht hette in dem herren/ der würt vff gehebet/ Menge freget des fursten antlüte/ vnd eines ieglichen vrteile oder gerichte get vs von dem herren/ Aber die gerechten manne versmahent den vnmilten vnd die vnmilten [a. R. versmahent] die die in schlechtem wege sind/ Ein sun der des wortes hüttet/ der würt vßwendig des verderbenusses/ Die wort des samnende sunes [a. R. *sint*] des spise verlierendes [a. unt. R. oder vsspuendes] [*des Spise verlierendes* eingerahmt mit Korrekturzeichen: – in der Handschrift]

Aber das Kind, dem man seinen eigenen Willen lässt, macht seiner Mutter Schande. 16 Bei der Vermehrung der Ungerechten werden die Sünden vermehrt, aber die Gerechten werden das Fallen der Ungerechten sehen. 17 Unterweise deinen Sohn, so wird er dir Kühle geben und deiner Seele Wonne. 18 Wenn es an Prophetie oder Lehre gebricht, so wird das Volk zerfallen, wer aber das Gesetz hütet, der ist selig. 19 Der Knecht kann nicht mit Worten unterwiesen werden, denn er versteht, was du sagst, aber er verschmäht zu antworten. 20 Hast du den Menschen gesehen, der schnell ist zu reden: Dummheit ist mehr zu erwarten als seine Besserung. 21 Wer seinen Knecht von Kindheit an weichlich erzieht, der wird ihn nachher frech finden. 22 Der zornmütige Mann weckt Streit, und der unwirschem Wesen leicht nachgibt, der wird auch Sünden zuneigen. 23 Dem Hoffärtigen geht Demütigung hinterher, und dem Demütigen an dem Geist oder Willen, den [in W irrtümlich: *dem*, richtig in H] soll Freude oder Ehre empfangen. 24 Wer mit dem Diebe teilhaftig ist, hasst seine Seele. Er hört den Beschwörenden [d.h. den Aufruf zur Zeugenaussage unter Eid] und zeigt nichts an. 25 Wer einen Menschen fürchtet, wird bald fallen, wer Zuversicht auf den Herrn hat, der wird aufgehoben. 26 Viele fragen nach dem Antlitz des Fürsten, aber über einen jeden geht das Urteil oder Gericht aus von dem Herrn. 27 Aber die gerechten Männer verabscheuen den Ungerechten, und die Ungerechten verabscheuen die, die auf geradem Wege gehen. Ein Sohn, der das Wort hütet, der bleibt ausserhalb des Verderbnisses. 30 Die Worte des Sammlers, eines Sohnes, der Speise verliert [Das ist eine Unterschrift unter Kap. 29 aus der griechischen und altlateinischen Bibel; in der hebräischen Bibel und Vulgata ist es die Überschrift zu Kap. 30; *Speise verlieren – erbrechen*].

Capitulum xxx

DIs ist ein gesichte/ die geredt het ein man bi dem got was vnd der ouch do got mit yme wonete gesterckert wart/ vnd sprach der allertuombeste aller mannen bin ich/ vnd der menschen wißheit ist nüt bie mir. Ich habe wißheit nüt gelernet/ vnd kenne der heiligen geist oder kunst nit

Wer get vff in den Himel/ vnd **(295 ra)** wer ist harnyder komen/ wer hete sinen geist verhaben in sinen henden/ Wer het die wasser zu ein gesament als in sinem gewande/ Wer het gewecket alle ende der welt/ Weles ist sin name/ vnd weles ist sines sunes name/ weist du es alle rede gottes ist ein fuoriger schilt [W hat nach *fuoriger* das Korrekturzeichen:– H: ein dang genemer schilt]/ allen die in Ine zuuersicht hant Nüt thu zu vert zu sinen worten daz du vert bestraffet werdest/ vnd ein lugener werdest fuonden/ zweyer dingen habe ich dich gebetten vnd verzihe du mir nüt ee das ich sterbe/ vppikeit vnd lügenhaffte wort thuo verre von mir Bettelen vnd richeit gib mir nüt/ gibe allen spisen/ vnd gewandes myn notturfft das ich lichte vert so ich gesettet bine werde gezogen zuo lougenende/ vnd ich spreche/ Wer ist der herre/ vnd ich vert werde betwenget von armute stele vnd mynes gottes namen verschwere Nüt rüge den knecht zuo sine herren das er licht dir ut fluoche/ vnd daz du sturtzest Die geburt die Irem vater fluochet/ vnd ir muter nüt benediet ist ein geburt die sich reine düncket/ vnd ist doch nüt geweschen von Ir vnsuuerkeit/ Ein geburt der ougen höhe oder hoffertig sind vnd ir ougenbroen sind in die hohen vff gerecket Ein geburtte die an zenen stat swerter het/ vnd wanne sie küwet mit bagzenen das sie esse die armen/ von dem ertrich vnd die armen vs den lüten zw[o] töchteren sind der egeln die sprechent Trag har/ trag har.

30,1 Dies ist ein Gesicht, davon geredet hat ein Mann, bei dem Gott war, und der auch, da Gott bei ihm wohnte, gestärkt wurde, und spricht: 2 Der allerdümmste aller Männer bin ich, und der Menschen Weisheit ist nicht bei mir. 3 Ich habe die Weisheit nicht gelernt und kenne den Geist oder das Wissen der Heiligen nicht.
4 Wer geht in den Himmel hinauf und wer ist heruntergekommen? Wer hat den Geist in seinen Händen festgehalten? Wer hat die Wasser in eins gesammelt als wie in seinem Gewand? Wer hat alle Enden der Erde erweckt? Welches ist sein Name und welches ist der Name seines Sohnes? Weisst du es? 5 Alle Rede Gottes ist ein feuriger Schild allen, die Zuversicht in ihn haben. 6 Tu nichts weiter hinzu zu seinen Worten, damit du nicht bestraft werdest und als Lügner werdest befunden. 7 Um zwei Dinge habe ich dich gebeten und entziehe du mir sie nicht, ehe ich sterbe: 8 Nichtigkeit und lügenhafte Worte tu fern von mir. Betteln und Reichtum gib mir nicht. Gib mir an aller Speise und an Gewand meinen Bedarf. 9 Dass ich nicht vielleicht etwa so gesättigt bin und zum Verleugnen fortgezogen werde und sage: Wer ist der Herr, und ich etwa von Armut bezwungen stehle und mich an meines Gottes Namen verschwöre. 10 Verklage den Knecht nicht bei seinem Herrn, damit er dir nicht vielleicht fluche und du stürzest. 11 Das Geschlecht, das seinem Vater flucht und seine Mutter nicht segnet, 12 ist ein Geschlecht, das sich rein dünkt und ist doch nicht gewaschen von seiner Unsauberkeit, 13 ein Geschlecht, dessen Augen hoch oder hoffärtig sind und dessen Augenbrauen in die Höhe gereckt sind, 14 ein Geschlecht, das anstatt Zähne Schwerter hat, und nur kaut mit seinen Backenzähnen, dass es esse die Armen der Erde und die Armen aus den Leuten. 15 Zwei Töchter hat der Blutegel, die sprechen: Trag har (herbei), trag har!

Dry ding sint vnsettig vnd das vierde ist das nyemer sprichet es ist gnuog Die helle/ Der munt der frowen [a. R. *schamme*] vnd/ ertrich/ das mit wasser nüt gesettet würt/ Me daz für sprichet nymer es ist genuog. Das ouge daz sines vaters mit vngestaltem antlüte spottet/ oder zannet/ vnd daz siner muter geburt versmahet/ das vs graben rappen von den bechen vnd essen es des adalers kinde/ Drü ding sint mir swere/ vnd das vierde/ weiß ich allzumale nüt Des adaleres weg in den himel vff/ des slangen wege vff der erden/ vnd des schiffes wege in mitten in dem mere/ vnd des mannes wege in sinem dritten alter oder Jugende. Also ist ouch der vnkuschen [a. R. *oder Ebrecherin*] wege/ die isset vnd Iren munde weschende sprichet sie/ ich habe nüt vbel getan/ Ob mittens (**295 rb**) dry ding zittert oder würt beweget die welt oder das ertrich oder das lande durch den knecht so er richset/ durch den tumben/ so er sat würt von spisen vnd durch ein hessig wib wann [daz] si genomen ist/ zuo der Ee/ vnd durch die diernen/ wann [daz] sie Ir frowen erben würt Vier ding sint die aller mynnsten des ertriches/ vnd sind sie wiser denn die wisen/ Die ameissen/ das blöde volke das in der erne ime selber spise bereytet. Das heselin das vnmechtig volke/ das in einem stein machet sin schlaffkamere Der matschrecke het keinen küng vnd get vs mit ire scharen Der mol get mit sinen henden vnd wonet in des künges huse. Dry ding sint die gont wol/ vnd das vierde ist das get seligklich/ Der löwe der aller sterckeste aller tieren/ der fürchtet nüt zu keins gegonlouffe Ein hane der sine lende het geschürtzet oder gegürtet vnd ein hamel/ nyman [*nyman* ist die Lesart der Pariser Bibeln] ist der ime widerstande/ vnd der tuombe ist erschinen

Drei Dinge sind unersättlich, und das Vierte ist, dass niemand sagt: Es ist genug: 16 Die Hölle, der Mund der Frauen Scham [H: und die grube des mundes], Erdreich, das mit Wasser nie gesättigt wird und mehr noch das Feuer, das nie spricht: Es ist genug. 17 Das Auge, das seinen Vater mit missgestaltetem Antlitz verspottet oder [über ihn] den Mund verzieht, und das die Geburt seiner Mutter verachtet, das hacken die Raben an den Bächen aus und die Kinder des Adlers fressen es. 18 Drei Dinge sind mir schwierig und das vierte verstehe ich gar nicht: 19 des Adlers Weg in den Himmel hinauf, der Schlange Weg auf der Erde und des Schiffes Weg mitten im Meer und des Mannes Weg in seinem dritten Alter oder seiner Jugend. 20 Also ist auch der Weg der Unkeuschen oder Ehebrecherin, die isst und den Mund wischend spricht: Ich habe nicht böse gehandelt. 21 Durch drei Dinge zittert oder wird bewegt die Welt oder das Erdreich oder das Land: 22 durch den Knecht, wenn er herrscht, durch den Toren, wenn er satt wird von Speisen, 23 durch ein hässiges Weib, wann es zur Ehe genommen ist, und durch die Magd, wann sie ihre Frau beerben wird. 24 Vier Dinge sind die allerkleinsten der Erde und sind doch weiser als die Weisen: 25 die Ameisen, das schwache Volk, das in der Ernte sich selbst Speise bereitet; 26 das Häslein, das ohnmächtige Volk, das in einem Stein seine Schlafkammer macht; 27 die Heuschrecke, die keinen König hat und doch auszieht mit ihren Scharen; 28 die Eidechse, die mit ihren Händen geht und in des Königs Hause wohnt. 29 Drei Dinge sind, die gut gehen und das vierte geht selig: 30 Der Löwe, das allerstärkste aller Tiere, der fürchtet sich vor keinem, der ihm entgegenläuft, 31 ein Hahn, der seine Lenden geschürzt oder gegürtet hat, ein Hammel, niemand ist, der ihm widerstände. 32 Der Tor ist erschienen,

darnach so erhaben ist in die höchten wenn hette er es verstanden/ Er hette die hant vff sinen munde geleitet Der aber vaste trücket die/ vter milch vs zu ziehende/ der drucket buoteren vs/ wer stürmeclich oder sere milchet der zuhet bluot vs/ vnd der zorn wecket der fürbringet missehellunge Dis sint wort samuelis des künges/ die gesicht mit der In sin muter vnder wiset/ was myn gemynter mines libes/ was gemynter myner antheissen oder myner begirden

nachdem er so erhaben in die Höhen, wenn er es verstanden hätte, hätte er die Hand auf seinen Mund gelegt. 33 Wer aber das Euter fest drückt, um Milch herauszuziehen, der drückt Butter aus. Wer stürmisch oder sehr heftig melkt, der zieht Blut heraus, und wer Zorn weckt, der bringt Misshelligkeit hervor.

Das sind Worte Samuels, des Königs, das Gesicht, mit dem ihn seine Mutter unterweist: Was, mein Geliebter meines Leibes, was Geliebter meiner Sehnsüchte oder meiner Wünsche [diese Verse bilden in W und H den Abschluss von Kap. 30].

Mt 5,1-16 und 6,5-14

W: 2770, 145 rb - 146 va
[H: 23, 14 rb - 14 vb]

VNd ihesus der ersahe die scharen vnd gieng vff einen berg/ vnd do er vff den berg gesessenn was do giengen zuo Im sin Jungern/ vnd er tet vff sinen munde vnd lerte sie vnd sprach Selig sind die armen des geistes/ wan das rich der himel ist ir Selig sind die milten/ wann sie sullen das ertriche besitzen Selig sind die da weinen/ wan sie süllent getrostet werden/ Selig sint die da hungert vnd türsteret/ nach der gerechtekeit/ wann sie sullent gesattet werden. Selig sind die erbarmhertzige wann sie süllent erbermede finden [H: die da fridsamen hertzen sint/ Wanne sie sint gottes kinder geheissen (Fehler in der Reihenfolge)] Selig sind die da reines hertzen sind/ wann sie süllent got sehen Selig sind die da fridsames hertzen sind/ wann sie süllent gottes kinder geheissen sin/ Selig sind die da durchechtunge liden durch die gerechtikeit/ wann das rich der himel ist Ir Selig sind ir so üch alle mensche verfluochent/ vnd so sie üch durchechtent vnd alles vbel wird üch sprechend liegende durch mich Denn fröwent üch an dem tag wann üwer lon ist groß in dem himel/ Vnd also habent sie die propheten durchechtet die vor [H: vor uwer] gewesen sind/

IR sint saltz der erde/ vnd ist daz daz [*daz* irrtümlich wiederholt] saltz verdirbet war Inn man es saltzet so ist es fürbas ze keinen dingen gut/ denn das man daz vs werffe/ vnd das es vertrettet werde von den lüten/ Ir sind liecht der welt Die stat die da geleit ist vff (**146 va**) einen berg die mag nüt wol verborgen werden/ keiner entzündet ein lucernen vnd setzet sie vnder ein masse/

Mt 5,1-16 und 6,5-14

1 Und Jesus, der sah die Scharen und ging auf einen Berg.
Und als er sich auf dem Berg gesetzt hatte, gingen seine
Jünger zu ihm. 2 Und er tat seinen Mund auf und lehrte sie
und sprach:
3 Selig sind die Armen des Geistes, denn das Reich der Him-
mel ist ihres. 4 Selig sind die Milden, denn sie sollen das
Erdreich besitzen. 5 Selig sind, die weinen, denn sie sollen
getröstet werden. 6 Selig sind, die es hungert und dürstet
nach der Gerechtigkeit, denn sie sollen gesättigt werden. 7
Selig sind die Barmherzigen, denn sie sollen Erbarmen fin-
den. 8 Selig sind die da reinen Herzens sind, denn sie sollen
Gott sehen. 9 Selig sind, die friedsamen Herzens sind, denn
sie sollen Kinder Gottes heissen. 10 Selig sind, die Verfol-
gung leiden um der Gerechtigkeit willen, denn das Reich des
Himmels ist ihres. 11 Selig seid ihr, wenn euch alle Men-
schen verfluchen und wenn sie euch verfolgen und alles Böse
wider euch lügend sprechen um meinetwillen. 12 Dann freuet
euch an dem Tag, denn euer Lohn ist gross in dem Himmel!
Und ebenso haben sie die Propheten verfolgt, die davor ge-
wesen sind.
13 Ihr seid das Salz der Erde. Und ist das Salz verdorben,
worin man es salzt, so ist es fürderhin zu keinen Dingen gut,
als dass man es wegwerfe und dass es von den Leuten zertre-
ten werde.
14 Ihr seid das Licht der Welt. Die Stadt, die da auf einen
Berg hingelegt ist, die kann nicht wohl verborgen werden. 15
Keiner entzündet ein Licht und setzt es unter ein Messgefäss,

sunder er setzet sie vff ein kertzestal/ durch daz in allen gezündet werde die da in dem huse sint/
Vnd also so [*so* irrtümlich hinzugefügt] sol üwer liecht lüchten vor den menschen/ das sie üwre gute werck sehen/ vnd üweren vater eren der da ist in den himeln./

Mt 6,5-14

W: 2770, 147 ra
[H: 23, 17 ra]

Vater vnser der du bist in den himeln/ geheiligot werde din name zuo kome vns din rich/ Din wille der werde/ als in dem himel vnd in der erden/ vnd vnser brot das vber substentzilich ist [H: das vber substantzlich sy] gib vns hüte/ vnd vergib vns vnser schulde als wir vergeben vnseren schuldener vnd enleit vns nicht in keni bekorunge sunder erlöse vns von vbel Amen

sondern er setzt es auf einen Kerzenstock, damit ihnen allen gezündet werde, die da in dem Hause sind.
16 Und so soll euer Licht leuchten vor den Menschen, damit sie eure guten Werke sehen und euren Vater ehren, der in den Himmeln ist.

Mt 6,5-14

5 Vater unser, der du bist in den Himmeln, geheiligt werde
dein Name. 10 Zukomme uns dein Reich. Dein Wille, der
werde wie im Himmel und auf der Erde. 11 Unser Brot, das
übersubstantiell [Vulgata: *supersubstantialis*, überwesentlich,
übernatürlich] ist, gib uns heute. 12 Und vergib uns unsere
Schuld, wie wir vergeben unsern Schuldnern. 13 Und führe
uns nicht in Versuchung, sondern erlöse uns vom Bösen.
Amen.

Mk 14,1-11

W: 2770, 168 vb [am obern Rand: der passio ist der ander am zinstag] (vielleicht: Der Passion ist der Anfang am Dienstag)

[H: 23, 89 ra]

UNd es was nach zweien tagen die ostern/ vnd es suochten die oberste priester vnd die schriber wie daz sie in trugenlich gefiengen vnd ertötten Aber sie sprachen Aber nicht an dem hochzitlichen tag/ das kein geschrey werde vnder dem volke/ vnd do er waz ze bethania in simonis hus des vssetzigen vnd da ze tisch saß/ Vnd do kame ein wip/ die hat ein marmelsteine buchsen mit costlicher salben von narden/ vnd sie brach die büchsen vff/ vnd goz Ims [H: yme] vff sin houbt/ vnd etlich vnder Ine/ die waren höne vnd namen dis vnder In zehanden vnd sprachen/ Durch waz ist dise verlust/ dirre salben gescheen/ [H: durch was ist dise verlust gut dirre salben] Wann man möchte dise salben wol verkouffet han/ vmb dryhundert phennig/ vnd möchte es gegeben han den armen/ vnd sie grisgrameten wider sie/ Aber der herre sprach/ Lant sie mit friden/ warvmb sint ir höne vber sie/ Sie hat ein guot wercke an mir geworcht/ Wann ir habent alle zit die armen bi üch/ vnd went Ir went/ so mögent Ir wol tuon/ aber ir enhabent mich nüt allezit/

WAnn daz si hatte/ das tet sie/ daz sie damit für komen wolte ze besalbenen minen lib/ in die begrebnusse/ Ich sag üch fürwar Wa dis ewangely geprediget werde vber alles ertrich/ vnd daz sie dis gethan hab Dis sol man sagen in sinen gehugenusse [H: zu einre gezügniß]

Mk 14,1-11

1 Und es war nach zwei Tagen die Ostern, und es suchten die
obersten Priester und die Schreiber, wie sie ihn durch Hinter-
list fingen und töteten. 2 Aber sie sprachen: Aber nicht an
dem hochzeitlichen Tag, damit kein Geschrei werde unter
dem Volke. 3 Und da er zu Bethanien war, in Simons des
Aussätzigen Haus und da zu Tische sass, da kam eine Frau,
die hatte eine marmorene Büchse mit köstlicher Salbe von
Narde. Und sie brach die Büchse auf und goss es ihm auf
sein Haupt. 4 Und etliche unter ihnen, die empörten sich und
nahmen dies unter sich vor und sprachen: Wozu ist diese
Verschwendung dieser Salbe geschehen? 5 Denn man könnte
diese Salbe gut verkauft haben um dreihundert Pfennig und
könnte es den Armen gegeben haben. Und sie grisgramten
[ärgerten sich] wider sie. 6 Aber der Herr sprach: Lasst sie
im Frieden, warum empört ihr euch über sie? Sie hat ein
gutes Werk an mir gewirkt. 7 Denn ihr habt allezeit die Ar-
men bei euch, und wenn ihr wollt, könnt ihr Gutes tun. Aber
mich habt ihr nicht allezeit. 8 Denn, was sie hatte, das tat sie,
dass sie damit im voraus meinen Leib salben wollte für das
Begräbnis. 9 Ich sage euch fürwahr: Wo dieses Evangelium
gepredigt werden wird überall auf dem Erdreich: Dass sie das
getan habe, das soll man zu ihrem Gedächtnis sagen.

Mk 14,17-25

W: 2770, 168 vb, 2. Zeile von unten - 169 ra
[H: 23, 89 vb - 90 ra]

UNd do es abent ward do kam er mit den zwölffen/ vnd do sie **(169 ra)** ze tische gesassen vnd assen/ Do sprach ihesus fürwar sag ich üch/ daz einer vnder üch mich verraten wirt/ der yetze mit mir ysset/ vnd sie begunden alle betrübte ze werdende/ vnd yeglicher sprach sunderlichen zuo Im/ vnd bin ichs/ vnd er sprach zuo In Einer von üch zwelfen/ der mit mir duncket in disen naph/ vnd der sun des menschen der gat enweg als von Im geschriben ist/ We aber dem menschen/ von dem des menschen kind verraten wirt/ Im wer guot vnd were dirre mensch nicht geboren/ vnd do dise assen/ vnd do nam ihesus brot vnd er gesegenet es vnd brach es/ vnd gab es sinen Jungern vnd sprach Emphahent/ Dis ist myn lichame/ [= korrekte Schreibung] [H: lichnam]/ vnd er nam den kelch vnd danckete gnaden/ vnd gap Inen/ vnd sie truncken alle von disem vnd er sprach zuo yn Dis ist myn bluot der nuwen ee. daz durch die menschen [H: dy menige] vergossen wirt/ Ich sag üch daz fürwar daz ich yetze nu nicht mer trincke von dem geschlechte des winstockes bis an den tag/ so ich dis trinckende wirde in dem rich gots

Mk 14,17-25

17 Und da es Abend wurde, da kam er mit den Zwölfen. 18
Und da sie zu Tische sassen und assen, sprach Jesus: Für-
wahr sage ich euch, dass einer unter euch, der jetzt mit mir
isst, mich verraten wird. 19 Und sie begannen alle betrübt zu
werden und ein jeder sprach besonders zu ihm: Und bin
ich's? 20 Und er sprach zu ihnen: Einer von euch Zwölfen,
der mit mir tunkt in diesen Napf. 21 Und der Sohn des Men-
schen, der geht hinweg, wie von ihm geschrieben steht. Weh
aber dem Menschen, von dem des Menschen Kind verraten
wird. Ihm wäre gut, dass dieser Mensch nicht geboren wäre.
22 Und da diese assen, da nahm Jesus Brot und segnete es
und brach es und gab es seinen Jüngern und sprach: Emp-
fanget! Dies ist mein Leib. 23 Und er nahm den Kelch und
dankte und gab ihn ihnen. Und sie tranken alle von diesem.
24 Und er sprach zu ihnen: Dies ist mein Blut des neuen
Bundes, das für die Menschen vergossen wird. 25 Ich sage
euch das fürwahr, dass ich jetzt nicht mehr trinke von dem
Erzeugnis des Weinstocks bis an den Tag, da ich dies neu
trinken werde in dem Reich Gottes.

Lk 1,26-38

W: 2770, 171 va
[H: 23, 99 va - 100 ra]

ABer des sechsten monades do ward gesent der engel gabriel von got in die stat galilea die da geheissen waz nazareth zuo einer magt die was gemehelt iosephen von dem geschlecht dauides/ vnd der magt nam was maria/ vnd der engel gieng In zuo Ir vnd sprach Gegrusset siestu vol gnaden/ der herre ist mit dir du bist gesegenet vnder den frowen/ vnd do sie dise rede erhörte/ do ward sie betrübet von sinen reden/ vnd gedachte waz grusses dirre wer/ vnd der engel sprach zuo Ir Entforchte dir nüt maria Wann du hast bi got gnaden funden Sich du wirst emphahent in dim libe/ vnd geberende einen sun/ vnd den sol heissen sinen namen ihesum vnd dirre wirt gros vnd sol geheissen sin name sun des allerobrosten/ Vnd disem git got der herre den stuol dauides sines vaters/ vnd er wirt richsende in dem hus Jacobs ewigklichen vnd sines riches wirt nymer an ende [H: wirt niemer ende] Vnd maria die sprach zuo dem engele/ vnd wie sol dis geschehen wann ich erkenne enkeinen man/
UNd der Engel antwurt vnd sprach zuo Ir Der heilig geist der kumme von oben in dich/ vnd die crafft des aller obrosten beschetwet [H: beschatwet]/ dich vnd darumb daz in dir geboren wirt heilig wirt geheissenn der sun gotes/ vnd sich elizabeth din muom die hat ouch in Irm alter emphangen einen sun Vnd des ist nu wol der sechst monade/ dirre die da heisset vnberhafftig Wann bi got en ist nüt unmüglich ein yeglich wort/ Vnd maria die sprach Sich ein dirne gotes mir beschehe nach dinen worten/ vnd der engel der fur von Ir

Lk 1,26-38

26 Aber im sechsten Monat, wurde der Engel Gabriel ge-
sandt von Gott in die Stadt Galiläa, die genannt war
Nazareth, 27 zu einer Jungfrau. Diese war Joseph vom Ge-
schlecht Davids verlobt. Und der Name der Jungfrau war
Maria. 28 Und der Engel ging hinein zu ihr und sprach: Ge-
grüsset seist du, voll Gnaden, der Herr ist mit dir, du bist ge-
segnet unter den Frauen. 29 Und da sie diese Rede hörte,
ward sie betrübt von seinen Reden und dachte, was das für
ein Gruss war. 30 Und der Engel sprach: Fürchte dich nicht,
Maria, denn du hast bei Gott Gnade gefunden. 31 Siehe, du
wirst empfangen in deinem Leibe und einen Sohn gebären,
und den sollst du mit seinem Namen Jesus heissen. 32 Und
dieser wird gross und sein Name soll Sohn des Allerhöchsten
heissen. Und diesem gibt Gott der Herr den Stuhl Davids,
seines Vaters, und er wird regieren im Haus Jakobs ewiglich,
und seines Reiches wird nie ein Ende sein. 34 Und Maria, die
sprach zu dem Engel: Und wie soll das geschehen, da ich
keinen Mann erkenne?
35 Und der Engel antwortete und sprach zu ihr: Der Heilige
Geist. der kommt von oben in dich, und die Kraft des Aller-
höchsten beschattet dich, und darum, was in dir geboren
wird, wird heilig heissen, der Sohn Gottes. 36 Und siehe,
Elisabeth, deine Tante, die hat auch in ihrem Alter einen
Sohn empfangen, und das ist nun wohl der sechste Monat
derer, die da heisst unfruchtbar. 37 Denn bei Gott ist kein
Wort unmöglich. 38 Und Maria, die sprach: Sieh eine Magd
Gottes, mir geschehe nach deinen Worten. Und der Engel
entfernte sich von ihr.

Joh 1,1-18

W: 2770, 188 rb
[H: 23, 154 r - 154 vb]

¶ Hie vahet an das buch des ewangelisten sand Johannes mit dem ewangelio.in principio.

¶ **Capitulum I**

IN dem beginne was das wort/ vnd das wort waz bi gote/ vndügot was das wort vnd dis was in dem beginne/ bi got/ durch in sind alle ding gemachet vnd an In ist nit gemachet/ vnd das da gemachet ist das waz leben in Ime/ vnd das leben was ein liechte der menschen Vnd daz liecht lüchte in die vinsternüssen vnd die vinsternüssen begriffen sin nicht Ein mensch der ward von got gesant des name was Johannes Dirre kam zuo einem gezügnüsse das er gezügnüsse gebe von dem liechte vmb das durch in alle menschen gloubten. Dirre enwas nicht das liecht Sunder das er gezügnüsse gebe von dem liechte Er was ein gewars liechte das da erlüchtet alle menschen die da koment in dise welt/ Er was in der welt/ vnd die welt ist durch in gemachet vnd die welt bekante sin nicht Er kam in sin eygen/ vnd die sinen empfiengen sin nichte Aber allen den die in empfiengen den gab er gewalt gotes kinder ze werdenne/ Das die/ die da gloubtent in sinen namen weder von den bluoten [H: von dem blüot] noch von dem willen des mannes/ sunder vs got geborn sint. vnd das wort ist fleisch worden/ vnd hat vnder vns gewonet vnd wir haben gesehen sin günlichi als eins eingebornen von dem vater vol gnaden vnd warheit

Joh 1,1-18

Hier fängt an das Buch des Evangelisten Sankt Johannes mit
dem Evangelium. *In principio.*
1 In dem Beginne war das Wort, und das Wort war bei Gott,
und Gott war das Wort. 2 Und dieses war in dem Beginne bei
Gott. 3 Durch es sind alle Dinge gemacht, und ohne es ist
nichts gemacht, und was da gemacht ist, 4 das war das Leben
in ihm, und das Leben war ein Licht der Menschen. 5 Und
das Licht leuchtete in die Finsternisse, und die Finsternisse
begriffen es nicht. 6 Ein Mensch, der wurde von Gott ge-
sandt, dessen Name war Johannes. 7 Dieser kam zum Zeug-
nis, dass er Zeugnis gebe von dem Licht, damit durch ihn alle
Menschen glaubten. 8 Dieser war nicht das Licht, sondern er
sollte Zeugnis geben von dem Licht. 9 Es war ein wahres
Licht, das da alle Menschen, die da in diese Welt kommen,
erleuchtet. 10 Er war in der Welt, und die Welt ist durch ihn
gemacht, und die Welt erkannte ihn nicht. 11 Er kam in sein
Eigentum, und die Seinen empfingen ihn nicht. 12 Aber allen
denen, die ihn empfingen, denen gab er Gewalt, Gottes Kin-
der zu werden, sodass die, die an seinen Namen glaubten, 13
weder von [den Kräften im] Blut noch von dem Willen des
Mannes, sondern aus Gott geboren sind. 14 Und das Wort ist
Fleisch geworden und hat unter uns gewohnt, und wir haben
seine Herrlichkeit gesehen als des Eingeborenen vom Vater,
voll Gnaden und Wahrheit.

Apg 1,1-14 und 2,42-47

W: 2770, 233 ra
[H: 23, 280 ra - 280 va]

OTheophile ich hab. **Capitulum I**.
des ersten geseit. oder geprediget von allen den die ihesus begonde thun vnd leren bis vff den tag das er gebietende den zwelff boten/ die er erwelet hat durch den heiligen geist emphangen ist. den er ouch geboerten hat [H hat richtige Lesart: gebotten hat] sich selber lebendig nach sinem lidende in vil bewerunge durch viertzig tag sich in zöigende vnd redende von gottes rich/ vnd mit in essend gebot er in/ daz sie nit schiedent von iherusaleme me daz sie beittent des heisses [H: des geheisses] oder dez gelübde des vaters die ir gehort hant durch mynen munde/ wann iohannes hat getouffet in dem wasser aber Ir sollent getouffet werden in dem heiligen geist. Nüt nach vil disen tagen. Darvmb fragtont in die dar komen. waret [= Fehler für richtiges *warent*; H: die die dar komen warent] sprechende. herre wilt du in der zit wider geben daz rich israel. mer er seite yn/ das ist nüt üwer bekennen. die gezit/ oder die mynsten stunde die der vater gesetzet hat in sinem gewalt. Sunder süllent emphahen die krafft des heiligen geistes in uch kommende vnd sollent myne [H hat einen Fehler: yme, *ihm*] gezüge werden in iherusalem in allem lande Judea. vnd in samaria bis zuo dem Jungsten der welte/ vnd do er das geseite in in sehenden [H: do er in daz sehende seite ist er vff erhaben] ist er vff erhaben vnd ein wolken emphieng in von Iren ougen vnd do sie Ine sahent in den himel gan. Nement war do stundent bi yne zwen man in wissen gewanden/ die sprachent. Ire manne galilei was stende ir hie lugende in den himelen Diser ihesus der emphangen ist von uch in den himel/

Apg 1,1-14 und 2,42-47

1 O Theophil, ich habe zuerst gesagt oder gepredigt von alle-
dem, was Jesus begann zu tun und zu lehren 2 bis auf den
Tag, da er die zwölf Boten, die er erwählt hatte, durch den
Heiligen Geist beauftragend, aufgenommen wurde, 3 denen
er auch sich selber lebendig darbot nach seinem Leiden durch
viele Beweise vierzig Tage hindurch sich ihnen zeigte und
von Gottes Reich redete. 4 Und da er mit ihnen ass, gebot er
ihnen, nicht von Jerusalem wegzugehen, dass sie auf die Ver-
heissung oder das Gelübde des Vaters warten sollen: "die ihr
durch meinen Mund gehört habt. 5 Denn Johannes hat mit
Wasser getauft, aber ihr sollt mit dem Heiligen Geist getauft
werden nach nicht viel Tagen." 6 Da fragten ihn die, die her-
bei gekommen waren: Herr, wirst du uns in dieser Zeit das
Reich Israel wieder geben? 7 Aber er sagte ihnen: Das ist
nicht euer [eure Sache], die Zeit oder die mindeste Stunde zu
kennen, die der Vater in seiner Gewalt festgesetzt hat. 8 Aber
ihr sollt die in euch kommende Kraft des Heiligen Geistes
empfangen, und ihr sollt meine Zeugen werden in Jerusalem
und im ganzen Lande Judäa und in Samaria bis zu dem Letz-
ten der Welt. 9 Und als er ihnen, die ihn sahen, das sagte, ist
er aufgehoben worden und eine Wolke empfing ihn vor ihren
Augen. 10 Und da sie ihn sahen in den Himmel gehen, nehmt
wahr, da standen bei ihnen zwei Männer in weissen Gewän-
dern, 11 die sprachen: Ihr Männer von Galiläa, was steht ihr
hier in den Himmel schauend? Dieser Jesus, der von euch
weg in den Himmel aufgenommen worden ist,

also wirt er komende. als ir Ihn gesehen hant gande in den himel Do kertent sie wider in iherusalem von dem berge der da heisset der olet berg [H: ölbomberg] der ist bi iherusalem habende eines samstages weg daz sind tusent schritten. vnd do sie in gegangen warent in daz hus da man ysset. do sie giengent obenan. vff da petrus beleibe [H: bleip] vnd iohannes vnd Iacobus vnd andreas philippus vnd thomas bartholomeus vnd matheus/ vnd iacobus alphei vnd simon zelotes vnd Judas Jacobi dis warent alle blibende in Irem gebette einmüteclich mit den frowen/ vnd mit marien ihesu muoter vnd ir brüederen.

2,42-47

W: 2770, 233 vb 4. Z. von unten - 234 ra
[H: 23, 282 vb - 283 ra]

vnd warent blibende in der apposteln lere vnd in der gemeinschafft des brotes brechunge. vnd in den gebotten [Schreibfehler für *Gebeten*; der Fehler steht schon in der gemeinsamen Vorlage von W und H]/ wann es ward iglicher sel forchte **(234 ra)** vnd geschahent vil wundern an dem himel vnd vff dem ertrich zeichen durch die apposteln in iherusalem/ vnd was grosse forchte in allen menschen/ vnd alle die da gloubten die warent bi einander/ vnd hattent alle ding gemeine vnd verkoufften ir eigen vnd ir gut/ vnd teiltent alle ding vnder allesament als eim iglichen not waz vnd tegelich warent sie einmüteclich volle hertende [H: für *volle hertende*: verhertende] in dem tempel/

der wird so wieder kommen, wie ihr ihn in den Himmel gehen gesehen habt. 12 Da kehrten sie wieder nach Jerusalem zurück von dem Berg, der Ölberg heisst, welcher nahe bei Jerusalem ist, ein Sabbatweg weit, das sind tausend Schritte. 13 Und da sie hineingegangen waren in das Haus, wo man isst, da gingen sie hinauf. Da oben blieben Petrus und Johannes und Jakobus und Andreas, Philippus und Thomas, Bartolomäus und Matthäus und Jakobus Alphei und Simon der Zelot und Judas Jacobi. Diese alle waren verharrend in ihrem Gebet, einmütig mit den Frauen und mit Maria, der Mutter Jesu, und ihren Brüdern.

2,42-47

42 Sie waren beharrlich in der Lehre der Apostel und in der Gemeinschaft des Brotbrechens und in den Geboten. 43 Und es kam über jegliche Seele Furcht, und es geschahen viele Wunder am Himmel und auf dem Erdreich Zeichen durch die Apostel in Jerusalem, und es war grosse Furcht in allen Menschen. 44 Und alle, die glaubten, waren beieinander und hatten alle Dinge gemeinsam. 45 Sie verkauften ihr Eigentum und ihr Gut und teilten alle Ding unter allen, wie es ein jeder nötig hatte. 46 Und täglich waren sie einmütig verharrend im Tempel,

vnd brechende daz brot bi den husern vnd emphingent vnd assent ir spise mit frolicheit in einualtekeit des hertzen vnd lobtent got miteinander vnd hattent gnade zuo allem volke. Aber der herre merete die tegelich die behalten wurden eweclich

und in den Häusern brachen sie das Brot und empfingen und
assen ihre Speise in Fröhlichkeit und Einfalt des Herzens 47
und lobten Gott miteinander und hatten Gnade bei allem
Volke. Aber der Herr vermehrte diejenigen täglich, die für
ewig erhalten werden sollten.

2 Kor 11,21-12,13

W: 2770, 214 vb, 26. Zeile von oben - 215 rb]
[H: 23, 235 vb - 237 ra]

nach vnadele sprich ich als wir nit siech oder krancke sin gewesen in disem teile. in dem etelicher gethar in vnwißheit sprich ich/ vnd ich getar ouch hebreische sint sie. Vnd ouch ich israheliten sint sie. Vnd ouch ich abrahames geslecht sint sie. Vnd ouch ich diener christi sind sie. Vnd ouch ich als ein mynre wiser/ sprich ich. Vnd merre ich bin vnwiser. In manigen arbeiten in kerkeren oder in gefangnusse vberflüsseclich. In plagen oder in slegen vber die masse in töden/ von den Juden hab ich emphangen fünffmal viertzig slege oder plage eines mynnre. Dry warbe bin ich geplage mit ruoten. Einest bin ich gesteinet. drywarb hab ich schiffbrechen gelitten. nacht vnd tag bin ich in des meres grunde oder tieffi gewest. In den wegen dicke mit freisen In wasseren mit freisen/ von schachlüten mit freisen/ von dem geslechte von freisen vs den heidenen. Von freissen in der stat mit freisen in einodt. von freisen oder von lidende. von falschen brüederen/ vnd propheten in arbeiten vnd in armuten. In manigen wachende in hunger vnd in durste vnd in manigen vastende in froste oder in kelti/ in nackentheit oder bloßheit an die/ die vßwendig sint/ an myne substancien die tegelich sorgsamekeit oder fliß aller kirchen oder sammenunge/ wer ist siech oder kranck/ vnd ich enbin nit siech **(215 ra)** oder kranck/ wer wirt geergert vnd ich enwirde nit gebrant.

¶ Capitulum xii

Muos ich mich fröwen/ so wil ich an den die mynes siechtagen sint mich fröwen Gott vnd der vater vnsers herren ihesu christi der eweclich gebenediet ist. der weiz daz ich nit vnwar sag.

2 Kor 11,21-12,13

21 Wie ohne Adel spreche ich, als ob wir schwach gewesen
wären in diesem Teil. Wofür Etliche die Kühnheit haben – in
Unverstand spreche ich – habe auch ich die Kühnheit: He-
bräer sind sie: und auch ich; Israeliten sind sie: und auch ich;
aus Abrahams Geschlecht sind sie: und auch ich. 23 Diener
Christi sind sie: und auch ich und als weniger Weiser spreche
ich. Und mehr bin ich unweise: in vielen Mühen, in Kerkern
oder in Gefängnissen über die Massen, oft in Todesgefahr. 24
Von den Juden habe ich fünfmal vierzig weniger einen
Schläge oder Hiebe erhalten. 25 Dreimal bin ich mit Ruten
gepeinigt, einmal gesteinigt worden, dreimal habe ich Schiff-
bruch erlitten, eine Nacht und einen Tag bin ich in des Mee-
res Grund oder Tiefe gewesen. 26 Auf den Wegen häufig in
Gefahren, in Wassern mit Gefahren, von Räubern in Gefah-
ren, vom [eigenen] Volk in Gefahren, von den Heiden [H: *in
Gefahren*; fehlt irrtümlicherweise in W], in Gefahren in der
Stadt, mit Gefahren in der Einöde. In Gefahren oder Leiden
unter falschen Brüdern und Propheten, 27 in Mühen und
Entbehrungen, in vielen Nachtwachen, in Hunger und Durst,
in vielem Fasten, in Frost und Kälte, in Nacktheit und Blösse,
28 ohne das, was ausserhalb meiner Substanz [Person] ist:
die tägliche Sorge oder der Fleiss für alle Kirchen oder Ver-
sammlungen. 29 Wer ist krank oder schwach und ich bin
nicht krank oder schwach? Wer erfährt ein Ärgernis, und ich
entbrenne nicht? 30 Muss ich mich rühmen, dann will ich
mich meiner Schwachheit rühmen. 31 Gott und der Vater un-
seres Herrn Jesus Christus, der ewig gepriesen sei, der weiss,
dass ich nichts Unwahres sage.

Der fürste der stet damasci der heiden arethes künges der huote oder lagete der stete damascenorum daz er mich begriffe oder gefienge/ vnd durch ein venster in eim korbe bin ich nyder gelassen durch ein mure vnd also kam ich hin von sine gewalte oder von sinen handen Ob ich mich fröwen muos daz enzimt nit/ Ich wel gan zuo den gesichten/ vnd zuo den offenbarungen des herren. Ich weiß einen menschen in christo vor vierzehen iaren/ oder ob er in dem libe oder vßwendig dem liebe wer des enweis ich nit got weis es/ der mensch ward gezücket also bis in den dritten himel [H: in den dirten hymel oder zinn den dirten hymel]/ vnd ich weis einen solichen mensche oder ob er in dem libe oder vßwendig dem libe were. das weis ich nit. got weis es der mensch gezücket ist in das paradis vnd hort tougene wort. die nit erloubet sint ze sagende einem menschen durch solche fröwe ich mich. Aber vmm mich nichtes nitt wann in myni siechtagen/ wann/ vnd ist daz daz ich mich wil fröwen. Darumben wirde ich nit vnwise. wann ich sol warheit sagen. Aber ich wil es maßen. daz nyman wene mich sin/ vber daz/ das er siehet an mir oder verthöret vs mir/ vnd das mich nit der offenbarunge großheit erhöhe oder erhebe/ ist mir geben vermanunge oder anefechten mines fleisches der engel sathane der widerwertig ist dem menschen das er mich halslahe vmb das habe ich drywarbe den herren gebeten das/ daz von mir scheide/ vnd er seite mir Genüge dir myn gnade wann die tugende wirt in siecheit oder in kranckheit beweret/ darumb wil ich mich gerne fröwen in myner sicheit das in mir wone die krafft christi/

32 Der Statthalter des heidnischen Königs Aretes der Stadt Damaskus bewachte oder umstellte die Stadt der Damaszener, damit er mich ergreife oder gefangennehme, und durch ein Fenster bin ich in einem Korb durch eine Mauer herabgelassen worden und so entkam ich seiner Gewalt und seinen Händen.

12,1 Wenn ich mich freuen soll – es geziemt sich (zwar) nicht – will ich eingehen auf die Gesichte und auf die Offenbarungen des Herrn. 2 Ich kenne einen Menschen in Christus, der wurde vor vierzehn Jahren, ob im Leib oder ausserhalb des Leibes weiss ich nicht, Gott weiss es, dieser Mensch wurde entrückt bis in den dritten Himmel. 3 Und ich kenne einen solchen Menschen, ob er im Leib oder ausserhalb des Leibes war, das weiss ich nicht, Gott weiss es, 4 der Mensch ist in das Paradies entrückt worden und hörte geheime Worte, die zu sagen einem Menschen nicht erlaubt ist. 5 Darüber freue ich mich, aber über mich nichts ausser über meine Schwäche. 6 Denn wenn ich mich freuen wollte, wäre ich deshalb nicht töricht, denn ich würde die Wahrheit sagen. Aber ich will mich mässigen, damit niemand wähne, ich sei mehr, als was er an mir sieht oder ein Tor wird durch mich [H: *oder hört von mir*; die Lesart von W ist wohl ein Fehler des Schreibers]. 7 Und damit ich mich nicht wegen der Grösse der Offenbarungen erhöhe oder erhebe, ist mir Vermahnung oder Anfechtung meines Fleisches gegeben worden, der Engel Satans, der des Menschen Widersacher ist [= Glosse des Übersetzers, die den Namen *Satan* erklärt], dass er mir Backenstreiche gebe. 8 Dessentwegen habe ich den Herrn dreimal gebeten, dass das von mir weggehe. 9 Und er sagte mir: Es genüge dir meine Gnade, denn die Kraft wird in der Krankheit oder in der Schwäche bewährt. Darum will ich mich gerne über meine Schwachheit freuen, damit die Kraft Christi in mir wohne.

darumb gefalle ich mir in myner siecheit/ vnd in dem das man mich schiltet. vnd in durchechtunge vnd in noten. vnd in angsten vmb cristum wann so ich siech bin/ so bin ich mechtig Ich bin worden vnwisse. Ir hant mich betwungen/ ich solt von üch gerumet werden. Wann ich han nütz mynre gethan denn die/ die vber die maße apposteln sint wie ich doch nit sie ein appostel [H: wie ich doch nit sy]/ Doch sint die zeichen mynes apposteln ambachtes vber üch geschehen in aller gedultekeite (**215 rb**) oder [H: und] in zeichen vnd in wundern vnd in krafft Wann waz ist das des ir mynre hattent denn die andern kirchen nuwent daz ich selber nit üch beswerde Gebent mir daz vnrecht.

10 Darum gefalle ich mir in meiner Schwachheit und in dem, womit man mich schmäht, und in Verfolgung und in Nöten und Ängsten um Chrisi willen, denn wenn ich schwach bin, bin ich stark. 11 Ich bin unweise geworden, ihr habt mich gezwungen. Ich hätte von euch gerühmt werden sollen. Denn ich habe nichts weniger getan als die, die über die Massen Apostel sind, wie wenn ich kein Apostel wäre. 12 Doch die Zeichen meines Apostelamtes sind über euch geschehen in aller Geduld oder in Zeichen und in Wundern und in Kraft. 13 Denn, was ist das, was ihr weniger hättet als dic andern Kirchen, ausser dass ich euch nicht zur Last bin? Vergebt mir dieses Unrecht.

Offb 4-5,10

W: 2770, 257 rb - 257 va, 3. Zeile v. unten
[H: 23, 336 vb - 338 ra]

DArnach. ¶ **Capitulum iiii**
sach ich Nement war ein offenen türe in dem himele/ vnd was die erste styme die ich horte als einer redenden busunen zuo mir sprechende. kumme her vff/ vnd ich wil dir zöugen die balde mussent gescheen nach disen/ vnd ich was zehant da in dem geiste. Vnd nement war ein stuol was gesetzet in dem himele/ vnd einer sitzende vff dem stuole. Vnd der da sas/ der was gelich der beschouwede des steines iaspidis vnd Sardinis/ vnd ein regenboge waz in dem vmbegange des stuoles gelich einer gesichte eines smaragdinen steines/ vnd in dem vmbegange des stuoles warent vierundviertzig [H: *xxiiii* (= 24); Schreibfehler in W] sessel vnd vffen den tronen warent sitzende die vierundzweintzig alten/ vmbecleidet mit weissen cleidern [H: wissem gewand] vnd vff Iren houbtern guldine kronen vnd von dem trone giengent blitzgen vnd tuonren vnd stymmen vnd siben burde [*burde*: wahrscheinlich ein Schreibfehler in W] ampellen [H: übene birenende ampeln] vor dem throne die sint die siben geist gottes/ vnd in der angesicht des sessels als ein glesin mer gelich eim cristallen/ vnd in dem mittel des stuoles vnd in dem vmbegange des stuoles vier tier volle [H: voller] ougen vor vnd hinder vnd waz das erste tier gelich einem Löwen/ vnd daz ander tier einem kalbe. Das dritte tier habende ein antlüt als eines menschen Vnd daz vierde tier was gelich einem fliegenden adlern/ vnd die vier tier ir ygliches sunder hatte sechs vettechen/ vnd in dem vmbegang vnd Innewendig sind vol ougen/ vnd enhattent nüt ruowe tag vnd nacht sprechende. heiliger heiliger Heiliger herre got almechtiger der was vnd ist/

Offb 4-5,10

1 Danach sah ich, nehmt wahr, eine offene Türe im Himmel.
Und die erste Stimme, die ich hörte, war wie eine redende
Posaune, die zu mir sprach: Komm herauf, und ich will dir
zeigen, was bald nach diesem geschehen muss. 2 Und ich
war alsbald da im Geiste. Und, nehmt wahr, ein Stuhl war
gesetzt im Himmel, und auf dem Stuhl ein Sitzender. 3 Und
der da sass, der war gleich dem Stein Jaspis und Sardis anzu-
sehen, und ein Regenbogen war rings um den Stuhl. 4 Und
rings um den Stuhl waren vierundvierzig Sessel, und auf den
Thronen waren sitzend die vierundzwanzig Alten, bekleidet
mit weissen Kleidern, und auf ihren Häuptern goldene Kro-
nen. 5 Und von dem Throne gingen Blitze und Donner und
Stimmen aus. Und sieben brennende Lampen vor dem Thron.
Diese sind die sieben Geister Gottes. 6 Und im Angesicht des
Sessels war ein gläsernes Meer gleich einem Kristall, und in
der Mitte des Stuhls und rings um den Stuhl vier Tiere voller
Augen, vorn und hinten. 7 Und das erste Tier glich einem
Löwen, und das zweite Tier einem Kalb. Das dritte Tier hatte
ein Antlitz wie das eines Menschen, und das vierte Tier war
gleich einem fliegenden Adler. 8 Und die vier Tiere, ihrer
jedes besonders, hatte sechs Fittiche, und ringsherum und in-
wendig waren sie voller Augen, und sie hatten nicht Ruhe
Tag und Nacht und sprachen: Heiliger, heiliger, heiliger
Herr, Gott Allmächtiger, der war und ist

vnd künfftig ist. Vnd do die vier tier gabent Lob vnd ere vnd segen/ dem sitzenden vff dem trone dem lebenden In ewigkeit bis In vber vber [H: nur einmal *vber*] ewekeit/ do vielent die vierundzweintzig alten für den sitzenden vff dem trone vnd anebetteten den lebenden eweclich in vber ewekeit/ vnd liessent Ir tronen für den thron sprechende Du bist wirdig vnnser here got. Nement lob vnd ere vnd tugend oder crafft. Wann du hast alle ding geschaffen/ vmb dinen willen warent/ vnd sint geschaffen alle ding.

¶ Capitulum v.

UNd ich sach in der rechten hant des sitzenden vff dem thron ein buoch das was geschriben (**257 va**) Innwendig vnd vßwendig mit siben Insigeln [H: Ingesigeln] beslossen/ vnd ich sah ein starcken engel vnd predigende mit grosser stymme Wer ist wirdig das buoch vff thuon vnd entschliessen sine schlos vnd nyman enmochte noch in himel noch In ertriche noch vnder dem ertrich das buoch vff thuon noch ansehen/ vnd ich weinde vil das nyeman ist wirdig funden das buoch vff thuon noch ansehen vnd einer von den alten seite mir/ Nüt weine/ Nym war der Löwe von Juda geschlechte die wurtzel dauid/ der hat vberwunden der ist wirdig daz buoch vff thun vnd vff schliessen sine siben slos/ Vnd ich sach Nement war in dem mittele des trones/ vnd der vier tieren/ Vnd in dem mittel der alten sahe ich ein lamb stende als einen erslagenen/ vnd hate siben horen vnd siben ougen/ die sint die siben gotes geist die gesendet sind in alle welt/ vnd kam daz vnd nam daz buoch vs der rechten hant des sitzenden vff dem trone vnd do es daz buoch vff getet/ do vielent die vier tier vnd die vierundzweintzig alten für daz lamp habende iglicher harphen vnd guldine vesser vol gesmacken die sint der heiligen gebet/

und künftig ist. 9 Und da die vier Tiere Lob und Ehre und
Segen gaben dem auf dem Thron Sitzenden, dem Lebenden
in Ewigkeit bis über und über Ewigkeit, 10 da fielen die
vierundzwanzig Alten vor dem auf dem Thron Sitzenden
nieder und beteten an den ewig und über Ewigkeit Lebenden
und liessen ihre Kronen vor dem Thron, sprechend: 11 Du
bist würdig, unser Herr Gott, anzunehmen Lob und Ehre und
Tugend oder Kraft. Denn du hast alle Dinge geschaffen und
durch deinen Willen waren und sind geschaffen alle Dinge.
5,1 Und ich sah in der rechten Hand des auf dem Throne
Sitzenden ein Buch. Das war inwendig und auswendig be-
schrieben, verschlossen mit sieben Siegeln. 2 Und ich sah
einen starken Engel, predigend mit grosser Stimme: Wer ist
würdig, das Buch aufzutun und seine Schlösser aufzuschlies-
sen? 3 Und niemand, weder im Himmel noch auf dem Erd-
reich noch unter dem Erdreich, vermochte das Buch aufzu-
tun, noch in es hineinzusehen. 4 Und ich weinte sehr, dass
niemand würdig befunden war, das Buch aufzutun, noch in
es hineinzusehen. 5 Aber einer von den Alten sagte mir: Wei-
ne nicht, nimm wahr, der Löwe aus Judas Geschlecht, die
Wurzel Davids, der hat überwunden, der ist würdig, das
Buch aufzutun und aufzuschliessen seine sieben Schlösser. 6
Und ich sah, nehmt wahr, in der Mitte des Thrones und der
vier Tiere und inmitten der Alten sah ich ein Lamm stehen,
wie einen Erschlagenen, und es hatte sieben Hörner und sie-
ben Augen. Die sind die sieben Geister Gottes, die gesendet
sind in alle Welt. 7 Und es kam und nahm das Buch aus der
rechten Hand des auf dem Thron Sitzenden, und als es das
Buch auftat, fielen die vier Tiere und die vierundzwanzig
Alten vor dem Lamme nieder, und jeder hatte Harfen und
goldene Fässer voll von Wohlgerüchen. Dies sind die Gebete
der Heiligen.

vnd sungent einen nüwen sang sprechende. Herre du bist wirdig vff thun daz buoch vnd entsliessen sine zeichen/ wann du bist ertöttet oder erslagen/ vnd hast vns wider erlöst got mit dim bluot vs aller zungen oder sprach vnd vs allem geschlechte vnd vs allem volke vnd geburte vnd hast vns gemachet vnnserm got ein rich vnd priestere vnd werdent wir richsende vff dem ertrich

9 Und sie sangen einen neuen Gesang und sprachen: Herr, du
bist würdig, das Buch aufzutun und seine Zeichen zu er-
schliessen, denn du bist getötet oder erschlagen und hast uns
Gott wieder ausgelöst mit deinem Blut, aus allen Sprachen
oder aus allen Geschlechtern und aus allen Völkern und aus
aller Geburt, 10 und hast uns für Gott zu einem Reich und zu
Priestern gemacht, und wir werden herrschen auf dem Erd-
reich.

Erläuterungen zur Transkription

Diese Ausgabe gibt Abschnitte der deutschen Bibelhandschrift in zwei Bänden, Wien, Österreichische Nationalbibliothek 2769 und 2770 wieder. Als Vorlage dienen schwarz auf weiss digitalisierte Aufnahmen.

Die Transkription entspricht dem im Vorwort beschriebenen und begründeten Charakter der Handschrift. Es wird eine einfache und gebrauchsfreundliche Wiedergabe angestrebt, welche die Schreibweise des Kopisten dieser Handschrift möglichst getreu widerspiegelt. Er ist freilich nicht ganz regelmässig in seiner Orthographie. Auf einen Lesartenapparat wird verzichtet. Für die ausgewählten Abschnitte von Genesis, Exodus und Deuteronomium werden Unterschiede aus der gleichen deutschen Bibel in der Handschrift in fünf Bänden: Heidelberg, Bibliotheca Palatina, Codex Palatinus germanicus 19-23 geboten. Sie sollen die Eigenart der beiden Handschriften von Wien (abgekürzt: W) und Heidelberg (abgekürzt: H) illustrieren. H weicht in vielen Einzelheiten von W ab. W scheint dabei fast immer ursprünglicher als H.

Es werden einige Zusätze in die Handschrift W integriert. Sie sind durch eckige Klammern [ ] kenntlich gemacht. Es sind dies:

Korrekturen des Schreibers Lichtenstern selbst am Rand (abgekürzt: a. R.) von W, z.B. *bvete* für verschriebenes *vbete*.

Die soeben genannten, ausgewählten Unterschiede (Varianten) der Heidelberger Handschrift (H).

Verweise auf die Vulgata (abgekürzt: V).

Besonderheiten:

Die diakritischen Zeichen sind in den Handschriften nicht regelmässig gesetzt. In den Mikrofilmen und Fotos sind sie nicht immer eindeutig erkennbar. Sie werden nirgends ergänzt oder korrigiert, und sie werden vereinfacht wiedergegeben: über u und v werden u und ü unterschieden sowie auch o und ö. Das Umlautzeichen wird nie über einen Vokal gesetzt, der kein diakritisches Zeichen in der Handschrift trägt. Die Diphthongierung, kleines o (°) über u, wird aufgelöst zu uo und üo. Nasalstriche über m und n (Konsonantenverdoppelung) werden aufgelöst. Offensichtliche Verschreibungen werden stillschweigend korrigiert, wenn sie der Kontext eindeutig als Fehler erweist, z.B. *son* statt *soln*, *it* statt *nit*, *padiso* statt *paradiso*. Oft wiederkehrende Abkürzungen wie *dz* für *daz*, *wz* für *waz*, *hre* für *herre*, *irlm* für *Jerusalem* werden ausgeschrieben.

Die ausgewählten Bibelstellen werden wie folgt überschrieben:

Bibelstelle

Signatur der transkribierten Handschrift W 2769 oder 2770 mit Blattzahl, gefolgt von der Angabe der Vorder- oder Rückseite des Blattes: recto/verso, abgekürzt: r/v, und von der Angabe der Spalte: erste oder linke Spalte a, zweite oder rechte Spalte b.

In eckigen Klammern darunter stehen die Angaben für den gleichen Abschnitt in Handschrift H: Signatur, Blattzahl, Spalte.

Beispiel :

Gen 1,23-4,7
W 2769, 5 ra - 5 va
[H 19, 14 rb - 16 vb]

r = recto
v = verso
a = linke Spalte
b = rechte Spalte

Die Blattzahlen entsprechen der Blatt-Nummerierung in den Handschriften W und H.

Kleines Glossar

in truckeni legen – ins Trockene legen.

unmilte Vulgata *impii – Gottlose*, vom Übersetzer, v.a. in den Proverbien ungezählte Male in dieser Bedeutung verwendet.

unmilt – hartherzig, feindselig.

vert kommt häufig vor; für *vernet*, *vern*, *färä* – letztes Jahr, passt es nie. Es muss so etwas wie *etwa, etwas* oder auch *ferner* bedeuten.

dirne verwendet der Übersetzer für *Magd.*

luotter trancke Vulgata *(date) siceram*;
luotter – lauter, rein.

luot grosse Menge, Masse; Brüllen.

grisgramen – mit den Zähnen knirschen, knurren.

ungangkeit, *unganglich* – Bosheit, böse oder störrig.

behalten – gerettet, erlöst.

Anmerkungen

Vorwort

1 M. Wallach-Faller, "Die Bibel in der Schweiz im Mittelalter", in U. Joerg, D.M. Hofmann, Hrsg., *Die Bibel in der Schweiz. ...* (Basel: Schwabe, 1997) 55-61, hier 58-61; H. J. Haag, *Die Bibel in tausend Sprachen. Vom 3. Jh. v. Chr. bis zur Gegenwart* (Katalog der gleichnamigen Ausstellung in der Zentralbibliothek Zürich) (Zürich: Zentralbibliothek, 1983) 41-42 (in der Ausstellung wurden von Biberlis Übersetzung das Ezechielfragment und eine Seite aus dem 1472 im Elsass abgeschriebenen Exemplar, ZB Ms Car VIII, gezeigt, vgl. Einleitung I).

2 M. Wehrli-Johns, *Geschichte des Zürcher Predigerkonvents (1230-1524). Mendikantentum zwischen Kirche, Adel und Stadt* (Zürich: Verl. Hans Rohr, 1980) 186-190; M. Wehrli-Johns, Art. "Zürich", in: *Die Dominikaner und Dominikanerinnen in der Schweiz. Erster Teil und Zweiter Teil.* Unter Mitarbeit zahlreicher Fachleute redigiert von P. Zimmer (Helvetia Sacra IV,5,1-2; Basel: Schwabe, 1999) 466-501, hier 472-473.

3 W. Walther, *Die deutsche Bibelübersetzung des Mittelalters,* Teil 1 (Braunschweig: H. Wollermann, 1889), Teil 2 (1891), Teil 3 (1892). (Reprint schlechter Qualität: *Nabu Public Domain Reprints* [ohne Ort und ohne Jahr, gedruckt in den U.S.A.: www.ICGtesting.com].) Dieses Werk hat keine Seiten-, sondern eine Spaltenzählung (Sp.).

4 Wehrli-Johns, *Geschichte des Zürcher Predigerkonvents* (siehe Anm. 2), S. 203-205.

5 Elemente zu dieser Seite der Bibelübersetzung finden sich bei M. Wallach-Faller, *Ein alemannischer Psalter aus dem 14. Jahrhundert* (Spicilegium Friburgense 27; Freiburg/Schweiz: Universitätsverlag, 1981) und in der Rez. dieses Werkes von Klaus Kirchert, siehe Anm. 14.

[6] M.-H. Vicaire, *Histoire de Saint Dominique, II Au cœur de l'Église* (Paris: Éditions du Cerf, 1957) 62-69; deutsch: *Geschichte des heiligen Dominikus II Inmitten der Kirche* (Freiburg i.Br. u.a.: Herder, 1963) 47-51.

Einleitung I

[7] J. Le Long, *Bibliotheca Sacra in binos syllabos distincta,* t. 1 (Paris: E. Montalant, 1723) 374. In diesem Verzeichnis sind 1400 vollständige Bibeln und 1850 Teilbibeln in gedruckten Ausgaben und 1286 Bibelhandschriften bibliographisch erfasst.

[8] Walther, *Die deutsche Bibelübersetzung des Mittelalters,* Siehe Anm. 3. Dieses Werk hat keine Seiten-, sondern eine Spaltenzählung (Sp.).

[9] Die Geschichte der lateinischen Bibelübersetzungen und insbesondere der sog. Vulgata ist auf dem neuesten Stand dargestellt von P.-M. Bogaert, "The Latin Bible, c. 600 to c. 900", in *The New Cambridge History of the Bible,* Vol. 2 From 600 to 1450, Hrsg. Richard Marsden-E. Ann Matter (Cambridge: University Press, 2012) 69-92.

[10] Walther, *Die Deutsche Bibelübersetzung des Mittelalters,* Sp. 413 und 410-411.

[11] Wallach-Faller, *Ein alemannischer Psalter aus dem 14. Jahrhundert*, siehe Anm. 5.

[12] St. Sonderegger, "Geschichte deutschsprachiger Bibelübersetzungen in Grundzügen", in: W. Besch, O. Reichmann, St. Sonderegger, hrsg., *Sprachgeschichte. Ein Handbuch der deutschen Sprache und ihrer Erforschung, Erster Halbband* (Berlin-New York: de Gruyter, 1984) 129-185, hier 156; Th. Käppeli, *Scriptores Ordinis Praedicatorum medii aevi,* vol. 3 (Romae: Institutum historicum O.P., 1980) 105.

[13] Ch. Kuster, Art. "Marchwart Biberli", in *Dictionnaire historique de la Suisse,* vol. 2 (Hauterive NE: Gilles

Attinger, 2003) 298, französ. Übersetzung des *Historischen Lexikons der Schweiz.*

[14] So K. Kirchert, *Rez.* von M. Wallach-Faller, *Ein alemannischer Psalter aus dem 14. Jahrhundert* (siehe Anm. 5) in: *Anzeiger für deutsches Altertum und deutsche Literatur* 93, 3 (1982) 130-146, hier 143-145; K.E. Geith, "Marchwart Biberli und das Solothurner Legendar Cod. S. 451", *Zeitschrift für deutsches Altertum und deutsche Literatur* 111 (1982) 9-21, bes. S. 18-19; diesen Germanisten schliessen sich an die Historikerinnen M. Wehrli-Johns, "Die Dominikaner in der Schweiz: Zürich", in: *Helvetia Sacra, Abteilung IV, Band 5 Die Dominikaner und Dominikanerinnen in der Schweiz* (siehe Anm. 2), S. 493-494; C. M. Kessler, *Gotische Buchkultur. Dominikanische Handschriften aus dem Bistum Konstanz* (Quellen und Forschungen zur Geschichte des Dominikanerordens, N.F. 17; Berlin: Akademie Verl., 2010) 39-41.

[15] Walther, *Deutsche Bibelübersetzung des Mittelalters* (siehe Anm. 3), Sp. 401-405.

[16] L.C. Mohlberg, *Katalog der Handschriften der Zentralbibliothek Zürich, I Mittelalterliche Handschriften* (Zürich: Buchdruckerei Berichthaus, 1951) 358-359.

[17] Siehe Anm. 7.

[18] Der Katalog der mittelalterlichen Handschriften der *Herzogin Anna Amalia Bibliothek* in Weimar wird von Dr. Pensel vorbereitet. Die Handschriften Fol 9 und Fol 10 bilden Band 2 und 3 der in drei Bänden gebundenen Bibelübersetzung. Band 1 ist verschollen. Band 2 und 3 wurden im 15. Jahrh. vom gleichen Kopisten geschrieben (freundliche Mitteilung von Frau Ingrid Arnhold, Referatsleiterin Sondersammlungen der Herzogin Anna Amalia Bibliothek in Weimar).

[19] Walther, *Deutsche Bibelübersetzung des Mittelalters* (siehe Anm. 3), Sp. 194-195.

[20] Sante Pagnini (1470-1545) aus Lucca, Dominikaner, war ein berühmter Bibelgelehrter humanistischer Prägung, u.a.

Verfasser eines hebräischen Wörterbuches mit dem Titel *Thesaurus Linguae Sanctae*, das Luther benutzt hat und im 16. und 17. Jahrh. weit verbreitet war. Die *Epitome* ist eine gekürzte Ausgabe davon. Auf Pagnini geht die Verszählung der modernen Bibeln zurück.

21 Freundliche Mitteilung von Frau Franziska Lombardi, Zentralbibliothek Zürich, vom 26. Febr. 2015.

22 Wallach-Faller, *Ein alemannischer Psalter aus dem 14. Jahrhundert* (siehe Anm. 5), S. 85-87. (Wallach-Faller gibt die Signatur des Fragmentes nicht vollständig an.)

23 Der Band der deutschen Predigten Meister Eckharts, der die Predigt 79 auf S. 363-370 enthält, ist J. Quint, *Meister Eckharts Predigten,* Dritter Band (*Meister Eckhart. Die deutschen und lateinischen Werke*, Stuttgart: Kohlhammer, 1976). Die paläographische Notiz im Fragmentenkatalog der Zentralbibliothek nennt kein Datum und keinen Ort für dieses Bruchstück der Eckhart-Predigt, aber die beiden zusammengestellten Bruchstücke in ähnlicher Buchschrift, von denen das Ezechielfragment auf den Anfang des 14. Jahrh. datiert ist, macht es sicher, dass dieses gleiche Datum gemeint sein muss. Die Rubrik "Frauenhand" muss desgleichen ein Skriptorium in einem Frauenkloster meinen (in Zürich oder in der Nachbarschaft; man denkt an Oetenbach oder Töss).

24 W. Schneider-Lastin, "Literaturproduktion und Bibliothek in Oetenbach", in B. Helbling, M. Bless-Grabher, I. Buhofer, Hrsg., *Bettelorden, Bruderschaften und Beginen in Zürich. Stadtkultur und Seelenheil im Mittelalter* (Zürich: Verl. Neue Zürcher Zeitung, 2002) 189-197, hier 191-193; A. Halter, *Geschichte des Dominikanerinnen-Klosters Oetenbach in Zürich (1234-1525)* (Winterthur: Verl. P. G. Keller, 1956) 60-63; C. M. Kessler, *Gotische Buchkunst* (siehe Anm. 14), S. 41-43.

25 P. Künzle, *Heinrich Seuses Horologium Sapientiae. Erste kritische Ausgabe* (Spicilegium Friburgense 23; Freiburg/ Schweiz: Universitätsverlag, 1977) 115, macht ein Skrip-

torium im Dominkanerinnenkloster Töss am Anfang des 14. Jahrh. wahrscheinlich; C. M. Kessler, *Gotische Buchkultur* (siehe Anm. 14), S. 45-47.

[26] Schneider-Lastin, "Literaturproduktion und Bibliothek in Oetenbach" (siehe Anm. 24), S. 193-195; R.F. Fasching, "Ein Text Heinrich Seuses? Untersuchungen zum Prolog des 'Solothurner Legendars' ", in: B. Fleith - R. Wetzel, Hrsg., *Kulturtopographie des deutschsprachigen Südwestens im späteren MA. Studien und Texte* (= Kulturtopographie des alemannischen Raumes. Texte und Forschungen 1; Tübingen 2009) 327-367, hier 334-335; P. Künzle, *Heinrich Seuses Horologium* Sapientiae (siehe Anm. 25), S. 115.

[27] Wallach-Faller, *Ein alemannischer Psalter aus dem 14. Jahrhundert* (siehe Anm. 5), S. 97-100, zitiert und interpretiert die Nachricht (das Kolophon). In der Hs *S 451* steht sie auf fol 216v. Die Handschrift ist *on-line* abrufbar (e-codices).

[28] Siehe oben Anm. 14.

[29] In einem Gespräch am 13. November 2015 in der Predigerkirche in Zürich erwog Frau Dr. Martina Wehrli-Johns die Möglichkeit, Dominikanerinnen in einem der Klöster in oder bei Zürich könnten als Übersetzerinnen dieser Bibel in Frage kommen. Vielleicht muss man dabei aber auch ihren Satz miterwägen, den sie in ihrem Art. "Zürich", in: "Dominikaner und Dominikanerinnen in der Schweiz" (siehe Anm. 2), S. 473, geschrieben hat: "Sein Mitbruder (nämlich der Mitbruder von Marchwart Biberli; diese Klammer von mir, Adrian Schenker, hinzugefügt) Eberhard von Sax ist mit einem deutschen Marienpreis in der Manessischen Handschrift vertreten, so dass der Zürcher Konvent und mit ihm sein Hausstudium für die Entstehung einer geistlichen Literatur in der Volkssprache geradezu eine Pionier-Stellung einzunehmen scheint".

[30] Wehrli-Johns, *Geschichte des Zürcher Predigerkonvents* (siehe Anm. 2), S. 203-205. Hier ist gesammelt, was die kargen Quellen über Biberli mitteilen.

[31] Biberli war Lektor, d.h. Lehrer oder Professor in der Schule des Predigerklosters (*studium particulare* genannt und für die Brüder einer ganzen Region der Provinz bestimmt), die zu Anfang des 14. Jh. von gutem Niveau gewesen zu sein scheint.

[32] Walther, *Deutsche Bibelübersetzung des Mittelalters* (siehe Anm. 3), Sp. 406-408.

[33] Wallach-Faller, *Ein alemannischer Psalter aus dem 14. Jahrhundert* (siehe Anm. 5), S. 93-94 und oft.

[34] Zitiert bei Wallach-Faller, *Ein alemannischer Psalter aus dem 14. Jahrhundert* (siehe Anm. 5), S. 86.

[35] Beispiele bei Walther, *Deutsche Bibelübersetzung des Mittelalters,* Sp. 408. Die Stellen in der *Vulgata* zitiert hier nach der Ausgabe R. Weber, *Biblia Sacra iuxta vulgatam versionem*, 5. Aufl. (Stuttgart: Deutsche Bibelgesellschaft, 2007).

[36] Walther, *Deutsche Bibelübersetzung des Mittelalters* (siehe Anm. 3), Sp. 408-410.

Einleitung II

[37] Wallach-Faller, *Ein alemannischer Psalter aus dem 14. Jahrhundert* (siehe Anm. 5), S. 100-109. Wallach liefert alle historischen Nachweise im Detail.

[38] Schneider-Lastin, "Literaturproduktion und Bibliothek in Oetenbach" (siehe Anm. 24).

[39] Wehrli-Johns, *Geschichte des Zürcher Predigerkonvents* (siehe Anm. 5); M. Wehrli-Johns, "Studium und Seelsorge im Predigerkloster", in: Helbling, Bless-Grabher, Buhofer, *Bettelorden, Bruderschaften und Beginen* (siehe Anm. 24), S. 107-119; M. Bless-Grabher, "Zürich und seine Bettelordensklöster", in: Helbling, Bless-Grabher,

Buhofer, *Bettelorden, Bruderschaften und Beginen* (siehe Anm. 24), S. 11-24.

[40] Bless-Grabher, "Zürich und seine Bettelordensklöster" (siehe Anm. 24), S. 11.

[41] Bless-Grabher, "Zürich und seine Bettelordensklöster" (siehe Anm. 24), S. 16.

[42] Wehrli-Johns, *Geschichte des Zürcher Predigerkonvents* (siehe Anm. 5), S. 77.

[43] Wehrli-Johns, "Studium und Seelsorge" (siehe Anm. 39), S. 108-109.

[44] Bless-Grabher, "Zürich und seine Bettelordensklöster" (siehe Anm. 24), S. 16.

[45] Wehrli-Johns, "Studium und Seelsorge" (siehe Anm. 39), S. 107.

[46] Wehrli-Johns, "Studium und Seelsorge" (siehe Anm. 39), S. 112.

[47] B. Beaumont, "Die Prediger und Prouille", *Internationale Dominikanische Information* (IDI) (Rom: Convento Santa Sabina, Curia generalitia, Juni 2006) 165-166; M.-H. Vicaire, *Geschichte des heiligen Dominikus*, Bd. I *Ein Bote Gottes* (Freiburg i.Br. u.a.: Herder, 1962) 158.

[48] G. Bedouelle, *Dominikus. Von der Kraft des Wortes* (Graz-Wien-Köln: Styria, 1984) 269.

[49] J.-R. Bouchet, *Saint Dominique* (Paris: Éditions du Cerf, 1988) 34.

[50] Beaumont, "Die Prediger" (siehe Anm. 47), S. 168.

[51] Wehrli-Johns, "Studium und Seelsorge" (siehe Anm. 39), S. 115.

[52] Wehrli-Johns, *Geschichte des Zürcher Predigerkonvents* (siehe Anm. 5), S. 173.

[53] Wehrli-Johns, *Geschichte des Zürcher Predigerkonvents* (siehe Anm. 5), S. 19.

[54] Ch. Eggenberger, "Gold und Silber auf Pergament. Buchmalerei zur Zeit der Karolinger", in: M. Riek, J. Goll, G. Descoeudres, Hrsg., *Die Zeit Karls des Grossen in der Schweiz* (Sulgen: Benteli Verlag, 2013) 234.

[55] M. Stähli, "Schrift und Schriftreform. Bedeutende Handschriften in der Zentralbibliothek Zürich", in: Riek, Goll, Descoeudres, *Die Zeit Karls des Grossen* (siehe Anm. 54), S. 255.

[56] Stähli, "Schrift und Schriftreform" (siehe Anm. 55), S. 296.

[57] Wehrli-Johns, Art. "Zürich" (siehe Anm. 2), S. 2021.

[58] H. Zeller-Werdmüller und J. Bächtold, Hrsg., "Die Stiftung des Klosters Oetenbach und das Leben der seligen Schwestern daselbst, aus der Nürnberger Handschrift", in: *Zürcher Taschenbuch* NF 12 (1889), S. 219.

[59] Wehrli-Johns, Art. "Zürich" (siehe Anm. 2), S. 1021-1022.

[60] Zeller-Werdmüller und Bächtold, "Die Stiftung des Klosters Oetenbach" (siehe Anm. 58), S. 226.

[61] Wehrli-Johns, *Geschichte des Zürcher Predigerkonvents* (siehe Anm. 5), S. 96.

[62] Wehrli-Johns, Art. "Zürich" (siehe Anm. 2), S. 1021.

[63] Zeller-Werdmüller und Bächtold, "Die Stiftung des Klosters Oetenbach" (siehe Anm. 58), S. 236.

[64] A. M. Haas / Th. Binotto, *Meister Eckhart – der Gottsucher* (Freiburg i. Br. u.a.: Herder, 2013), S. 74.

[65] Wehrli-Johns, *Geschichte des Zürcher Predigerkonvents* (siehe Anm. 2), S. 204.

[66] Wehrli-Johns, "Studium und Seelsorge" (siehe Anm. 39), S. 112-113.

[67] Wallach-Faller, *Ein alemannischer Psalter aus dem 14. Jahrhundert* (siehe Anm. 5), S. 108.

[68] Wehrli-Johns, Art. "Zürich-Oetenbach: Priorinnen", in: *Die Dominikaner und Dominikanerinnen in der Schweiz. Zweiter Teil.* Unter Mitarbeit zahlreicher Fachleute redigiert von P. Zimmer (Helvetia Sacra IV,5,2; Basel: Schwabe, 1999) 1041.

[69] Zeller-Werdmüller und Bächtold, "Die Stiftung des Klosters Oetenbach" (siehe Anm. 58), S. 220, 249, 244, 267, 263.

70 F. Vetter, *Das Leben der Schwestern zu Töss beschrieben von Elsbeth Stagel samt der Vorrede von Johannes Meier und dem Leben der Prinzessin Elisabeth von Ungarn* (Deutsche Texte des Mittelalters herausgegeben von der Kgl. Preussischen Akademie der Wissenschaften, 6; Berlin 1906) 28, 30, 67, 71. Eine Auswahl aus dieser Ausgabe bei C. Günther, Hrsg., *Das Leben der Schwestern zu Töss beschrieben von Elsbeth Stagel* (Zürich-Leipzig: Rotapfel-Verlag, 1923); es liegt neu eine bibliophile Ausgabe mit mittelhochdeutschem Text und neuer moderner Übersetzung vor: R.H. Oehninger, *Wir hatten eine selige Schwester...*, 2 Bde (ohne Ort [Winterthur]: Werd Verlag, 2003).

71 A. Birlinger, "Die Nonnen von St. Katharinental bei Diessenhofen (Leben heiliger alemannischer Frauen, Teil VI)", *Alemannia. Zeitschrift für Sprache, Litteratur und Volkskunde des Elsasses, Oberrheins und Schwabens* 15 (1887) 150-183, hier S. 178.

72 Zeller-Werdmüller und Bächtold, "Die Stiftung des Klosters Oetenbach" (siehe Anm. 58), S. 220, 222, 244.

73 M.-L. Ehrenschwendtner, *Die Bildung der Dominikanerinnen in Süddeutschland vom 13.-15. Jahrhundert* (Contubernium 60; Stuttgart: Franz Steiner Verlag, 2004) 75, 149, 155, 212.

74 K. Bihlmeyer, Hrsg., *Heinrich Seuse. Deutsche Schriften*, herausgegeben im Auftrag der württembergischen Kommission für Landesgeschichte (Stuttgart: Kohlhammer, 1907) 196. (Reprint: *Nabu Public Domain Reprints* [ohne Ort, ohne Jahr]).

75 Ehrenschwendtner, *Die Bildung der Dominikanerinnen* (siehe Anm. 73), S. 116.

76 Zeller-Werdmüller und Bächtold, "Die Stiftung des Klosters Oetenbach" (siehe Anm. 58).

77 Vetter, *Das Leben der Schwestern zu Töss* (siehe Anm. 70).

[78] Birlinger, "Die Nonnen von St. Katharinental" (siehe Anm. 71).

[79] Zeller-Werdmüller und Bächtold, "Die Stiftung des Klosters Oetenbach" (siehe Anm. 58), S. 235.

[80] Schneider-Lastin, Art. "Zürich-Oetenbach", in: *Die Dominikaner und Dominikanerinnen in der Schweiz. Zweiter Teil.* Unter Mitarbeit zahlreicher Fachleute redigiert von P. Zimmer (Helvetia Sacra IV,5,2; Basel: Schwabe, 1999) 1029-1035, hier S. 1032.

[81] M. Wehrli, *Geschichte der deutschen Literatur vom frühen Mittelalter bis zum Ende des 16. Jahrhunderts* (Geschichte der deutschen Literatur von den Anfängen bis zur Gegenwart, Bd. 1; Stuttgart: P. Reclam Jun., 1980) 680.

[82] Zeller-Werdmüller und Bächtold, "Die Stiftung des Klosters Oetenbach" (siehe Anm. 58), S. 231.

[83] Zeller-Werdmüller und Bächtold, "Die Stiftung des Klosters Oetenbach" (siehe Anm. 58), S. 260.

[84] Ehrenschwendtner, *Die Bildung der Dominikanerinnen* (Anm. 73), S. 202-203.

[85] Wallach-Faller, *Ein alemannischer Psalter aus dem 14. Jahrhundert* (siehe Anm. 5), S. 100.

[86] Vetter, *Das Leben der Schwestern zu Töss* (siehe Anm. 70), S. 49, 69, 45.

[87] Birlinger, "Die Nonnen von Katharinental" (siehe Anm. 71), S. 171-172.

[88] Schneider-Lastin, "Literaturproduktion und Bibliothek in Oetenbach" (siehe Anm. 24), S. 191.

[89] Schneider-Lastin, Art. "Zürich-Oetenbach" (siehe Anm. 80), S. 1033.

[90] Ehrenschwendtner, *Die Bildung der Dominikanerinnen* (siehe Anm. 73), S. 190-191, 67, 283, 193, 184, 60.

[91] Bihlmeyer, *Seuse. Deutsche Schriften* (siehe Anm. 74), S. 37*.

[92] Ehrenschwendtner, *Die Bildung der Dominikanerinnen* (siehe Anm. 73), S. 61.

[93] Ehrenschwendtner, *Die Bildung der Dominikanerinnen* (siehe Anm. 73), S. 185-186, 284.

[94] Bihlmeyer, *Seuse. Deutsche Schriften* (siehe Anm. 74), S. 107.

[95] Wehrli, *Geschichte der deutschen Literatur* (siehe Anm. 81), S. 685.

[96] Wallach-Faller, "Ein mittelhochdeutsches Dominikanerinnen-Legendar des 14. Jahrhunderts als mystagogischer Text?" in: Kurt Ruh, Hrsg., *Abendländische Mystik im Mittelalter. Symposium Kloster Engelberg 1984* (Germanistische Symposien-Berichtbände, 7; Stuttgart: Metzler, 1984) S. 388-400.

[97] Ehrenschwendtner, *Die Bildung der Dominikanerinnen* (siehe Anm. 73), S. 166-176.

[98] Ehrenschwendtner, *Die Bildung der Dominikanerinnen* (siehe Anm. 73), S. 124-127.

[99] Ehrenschwendtner, *Die Bildung der Dominikanerinnen* (siehe Anm. 73), S. 72, 136.

[100] Ehrenschwendtner, *Die Bildung der Dominikanerinnen* (siehe Anm. 73), S. 139.

[101] H. Grundmann, "Litteratus-Illitteratus", *Archiv für Kulturgeschichte* 40 (1958) S. 1-65.

[102] H. Kuhn, "Versuch einer Literaturtypologie des deutschen 14. Jahrhunderts", in: St. Sonderegger, A.M. Haas u.a., Hrsg., *Typologia Litterarum. Festschrift für Max Wehrli* (Zürich-Freiburg i.Br.: Atlantis, 1969) 263, 273.

[103] Wehrli, "Sacra Poesis", in: F. Wagner und W. Maaz, Hrsg., *Gegenwart und Erinnerung. Gesammelte Aufsätze von Max Wehrli* (Spolia Berolinensia. Berliner Beiträge zur Mediävistik; Hildesheim und Zürich: Weidmann, 1998) 135.

[104] Vgl. R. Gasser, "Propter lamentabilem vocem hominis", *Freiburger Zeitschrift für Philosophie und Theologie* 17 (1970), S. 3-83.

[105] B.W. Acklin, *Gott im Denken berühren. Die theologischen Implikationen der Nonnenviten.* Vorwort von Ruedi

Imbach (Dokimion 14; Freiburg i.Ue.: Universitätsverlag, 1993).

[106] W. Trusen, *Der Prozess gegen Meister Eckhart. Vorgeschichte, Verlauf und Folgen* (Rechts- und staatswissenschaftliche Veröffentlichungen der Görres-Gesellschaft. NF; Paderborn: Franz Schöningh, 1988) 29-30.

[107] Wehrli, *Geschichte der deutschen Literatur* (siehe Anm. 81).

[108] A.M. Haas, *Sermo mysticus. Studien zu Theologie und Sprache der deutschen Mystik* (Dokimion 4; Freiburg/ Schweiz: Universitätsverlag, 1979) 14, 260.

[109] Zeller-Werdmüller und Bächtold, "Die Stiftung des Klosters Oetenbach" (siehe Anm. 58), S. 262.

[110] Birlinger, "Die Nonnen von Katharinental" (siehe Anm. 71), S. 177.

[111] Bihlmeyer, *Seuse. Deutsche Schriften* (siehe Anm. 74), S. 96-97.

[112] Bihlmeyer, *Seuse. Deutsche Schriften* (siehe Anm. 74), S. 109.

[113] Schneider-Lastin, "Leben und Offenbarungen der Elsbeth von Oye. Textkritische Edition der Vita aus dem Oetenbacher Schwesternbuch", in: B. Fleith - R. Wetzel, Hrsg., *Kulturtopographie des deutschsprachigen Südwestens im späteren MA. Studien und Texte* (= Kulturtopographie des alemannischen Raumes. Texte und Forschungen 1; Tübingen 2009) 450-454.

[114] Schneider-Lastin, Art. "Zürich-Oetenbach" (siehe Anm. 80), S. 1029.

[115] Schneider-Lastin, "Leben und Offenbarungen der Elsbeth von Oye" (siehe Anm. 113), S. 462-467.

[116] Schneider-Lastin, "Literaturproduktion und Bibliothek in Oetenbach" (siehe Anm. 24), S. 194.

[117] Vetter, *Das Leben der Schwestern zu Töss* (siehe Anm. 70), S. 37.

[118] Schneider-Lastin, "Leben und Offenbarungen der Elsbeth von Oye" (siehe Anm. 113), S. 425.

[119] Vetter, *Das Leben der Schwestern zu Töss* (siehe Anm. 70), S. 22, 28, 72.

[120] K. Ruh, *Meister Eckhart. Theologe, Prediger, Mystiker* (München: Beck, 1985) 43-44.

Die Handschriften

[121] H. Menhardt, *Manuscripta mediaevalia. Verzeichnis der altdeutschen Handschriften der österreichischen Nationalbibliothek*, 1. Band (Berlin: Akademieverlag, 1960) 272-273.

[122] *Basler Zeitschrift für Geschichte und Altertum* 4 (1905) 246-276.

[123] Ch. Rieder, Lokalhistoriker und Publizist, zählt ein langes Sündenregister auf in: *BASEL*, Insider Website vom 4. September 2014.

[124] K. Escher, "Die deutsche Prachtbibel der Wiener Nationalbibliothek und ihre Stellung in der Basler Miniaturmalerei des XV. Jahrhunderts", in: *Jahrbuch der historischen Sammlungen in Wien* 36 (1923) 47-96.